新零售，变了

[逆势突围的24个获利模式]

潘进丁 著
王家英 整理

电子工业出版社
Publishing House of Electronics Industry
北京·BEIJING

版权所有 © 潘进丁、王家英

本书版权经由台湾商业周刊授权电子工业出版社有限公司简体中文版权委任安伯文化事业有限公司代理授权。
非经书面同意，不得以任何形式任意重制、转载。
版权贸易合同登记号　图字：01-2020-1422

图书在版编目（CIP）数据

新零售，变了：逆势突围的 24 个获利模式 / 潘进丁著 .—北京：电子工业出版社，2020.8
ISBN 978-7-121-38894-1

Ⅰ.①新… Ⅱ.①潘… Ⅲ.①盈利—商业模式—通俗读物 Ⅳ.① F715.54-49

中国版本图书馆 CIP 数据核字（2020）第 052749 号

责任编辑：张振宇
印　　刷：天津嘉恒印务有限公司
装　　订：天津嘉恒印务有限公司
出版发行：电子工业出版社
　　　　　北京市海淀区万寿路 173 信箱　　邮编：100036
开　　本：700×1000　1/16　印张：11　字数：200 千字
版　　次：2020 年 8 月第 1 版
印　　次：2020 年 8 月第 1 次印刷
定　　价：68.00 元

凡所购买电子工业出版社图书有缺损问题，请向购买书店调换。若书店售缺，请与本社发行部联系，联系及邮购电话：（010）88254888，88258888。
质量投诉请发邮件至 zlts@phei.com.cn，盗版侵权举报请发邮件至 dbqq@phei.com.cn。
本书咨询联系方式：（010）88254210，influence@phei.com.cn，微信号：yingxianglibook。

简体中文序

1988年，我因负责台湾全家便利店（FamilyMart）的设立，跨入零售业。从第一家店开业到现今的3600多家店；从一家便利店，到现在拥有物流、信息、网络、鲜食制造、外食产业等多家公司的零售集团。我经历了台湾零售业从传统零售到现代化渠道的转型期。

1988年前后，外资零售企业进入台湾，同一时期登台的便利店除了"全家"之外，还有美国的am/pm便利店、OK便利店（Circle K）、日本福客多便利商店等；不少大型店，包括欧洲系统的家乐福（Carrefour）、万客隆（Makro）、欧尚（Auchon）、大润发及日系百货三越、SOGO、高岛屋等相继入台。当时，我就对这些跨国的大型零售业有高度兴趣。在此之前，台湾从未有过外资零售企业。因此，从创业初期，我一面在实务运营中磨炼学习，一面大量搜集国际级零售从业者的信息，包括查阅外文专业报纸、杂志调查报告等，希望从中找到大型零售业成功的轨迹及零售业发展的趋势。

2006年，全家便利店第2000家门店开业，我将实务工作的经验及国际零售业研究的观点，以十大零售浪潮的方式，解读零售产业变迁趋势——《当巷口柑仔店变Walmart，零售专家潘进丁解读十大流通浪潮》（2006，天下文化），当年该书提及"业态创新""虚实整合""零售金融"等趋势已经从"起浪"慢慢形成"大浪"了。

2006年至今14年，零售业发生了更大的变化。尤其移动互联网的快速发展，生活形态急剧改变，当在线购物已成为一般人选择购物的必备选项时，零售渠道的意义也不再等于实体店，在线与线下的疆界已然消失。唯有360度、O型循环、无缝包围消费者的商业模式才有未来。

1958年美国哈佛商业学院教授麦克南（McNair, M.P）提出的零售轮理论（Wheel of Retailing）指出，零售业的创新像巨轮一样往前推进，如果不变革，再成功的业态都逃不过生命周期被淘汰的宿命，而科技快速发展会促使零售巨轮转动得更快。

本书除了分析整合线上和线下渠道的新零售龙头企业阿里巴巴、亚马逊、沃尔玛等具体展开策略分析外，特别把重点放在：网购突飞猛进，实体渠道受重大冲击之际，却仍维持高增长的实体零售企业案例，并以个案比较分析的方式书写，分成4大零售产业趋势，24家企业的24个获利模式以方便读者阅读。

趋势一：O型全渠道

移动互联网的普及影响人们的生活方式，促使零售业产生巨变。全渠道运营、跨界融合的新零售也许是未来零售业的新常态。

网购霸主阿里巴巴、美国龙头企业亚马逊（Amazon）及实体零售巨人沃尔玛（Wallmart），拥有丰富资源与优势，它们如何突破既有框架，由实走到虚或由虚走到实，从其发展策略可以得到许多启发。

趋势二：节约型经济

20世纪90年代日本泡沫经济破灭，令日本长期处于经济成长滞缓状态，国民所得无增长，通货紧缩，陷入所谓"日本失落的20年"。在这样的形势下，零售产业也发生了大变。日本零售业盟主大荣量贩店惨遭并购，同时，一样强调低价策略的唐吉轲德及YAOKO改善当地生活方式型超市却30年营收、利益增长，不受网购的影响。它们强调个店经营，推翻连锁经营的标准化、规格化的商业模式，受到瞩目。

另外，二手交易App日本新创公司独角兽mercari，通过分享经济掌握了年轻世代只要"使用"、不要"拥有"的消费价值观，业绩常红，超越日本入口网站yahoo的拍卖网。2018年它在东京上市，创下东京证交所新创公司上市市值纪录。

节约型经济下，以日币百元或美金一元为要求的铜板经济，标杆企业如日本大创百货、美国DOLLAR GENERAL、DOLLAR TREE，它们都以低单价、高CP值、自有品牌丰富陈列创造差异化。正因价格低廉，压缩不出配送物流费用，倒使得这种业态不受网购影响。

趋势三：零售新业态

美国威格曼斯的Grocerant餐饮超市、日本爱宜食（Oisix）的下厨懒人包都是因应消费者生活形态变化所创造的新业态，推广后得到高度评价。美国威格曼斯是美国最受好评的超市；日本Oisix的Meal Kits以订阅经济方式展开，业绩急速增长。美国下厨懒人包先驱蓝围裙（Blue Apron）、哈罗生鲜（Hello Fresh）也各有独特商业模式值得我们研究。

趋势四：聚焦差异化

选择与集中（Selection and Concentration）——聚焦或多角度展开是零售业或生活服务业两种不同的经营策略。本书所举聚焦差异化的成功个案对比，如半成品食物产业的寿司郎（Sushiro）vs. 鸟贵族（Torikizoku）、药妆店的松元清 vs. 科摩思（Cosmos）、家具业的宜家家居（IKEA） vs. 日本宜得利（Nitori）等标杆企业，虽然都聚焦在自己的核心业务上，但商业模式却有不同。如松元清聚焦在自有化妆品上；而 Cosmos 以低价商品吸引顾客，两家营销模式虽不同，但都获得持续高增长。还值得关注的是，这些标杆企业相同的部分是练就动态核心竞争力（Dynamic Capabilities），将经营资源不断地重新配置在自己核心主业上，创造出无法被超越的差异化竞争力，这样才能立于不败之地。

结语

30 几年来，我追踪、观察、研究的企业案例不计其数，在本书中，我刻意从商业模式的对比来梳理庞杂的信息，希望能以逻辑化、系统化的方式与读者分享我的观察体会。"改革""创新"是这些典范企业的共通点，但创新不一定从零开始。日本早稻田大学教授井上达彦在《模仿经营学》中特别指出，许多知名的企业都是靠"模仿"，从标杆企业的商业模式中找到创新因子来取得领先地位的。例如丰田汽车最著名的生产管理系统 Just In Time（JIT）与广告牌管理（kanban）就是从美国超市商品供应链中所得到的启发。

篇幅受限，24 家企业所代表的增长模式无法深入探讨更多细节，对增长模式所代表的企业有兴趣的读者，可以从书中的信息延伸阅读。希望本书抛砖引玉，对大家的深度学习提供帮助。

目录

推荐序

更接地气，典范企业个案的实务观点 …………… I

以用户为中心，持续发掘顾客痛点、不断进化自己 …… V

创新转型，不是只有一种方法、一条路径 ………… IX

技术是手段，商业模式才是决胜关键 …………… XIII

深入解读，源自"踏破铁鞋"的亲访调查 ………… XV

Part I O 型全渠道

虚实交融　零售三巨头争霸的决胜点 …………… 2
亚马逊 VS 阿里巴巴 VS 沃尔玛

打破边界　用数据卖衣服的渠道战略 ………… 20
优衣库 VS ZOZOTOWN

Part II 节约型消费

单店经营　每个连锁店都有自己的风格 ……… 34
YAOKO 超市 VS 唐吉诃德

分享经济 二手交易的创新变革 52
mercari VS 雅虎拍卖

铜板经济 以单一价创造差异化 64
大创百货 VS DOLLAR GENERAL VS DOLLAR TREE

Part III 流通新业态

"餐饮超市"（Grocerant） 复合经营的新型超市 ... 78
威格曼斯 VS 永旺集团 VS 盒马鲜生

"下厨懒人包"（Meal kits） 解决没时间
问题的食材包 90
蓝围裙 VS 哈罗生鲜 VS 爱宜食

Part IV 聚焦差异化

单一品类 聚焦经营杀出餐饮业红海 106
寿司郎 VS 鸟贵族

有特色更出色 变则通的日本药妆店 118
松本清 VS 科摩思

垂直／水平分工 用 ZARA 模式做家具 130
宜得利 VS 宜家家居

推荐序

更接地气，
典范企业个案的实务观点

邱奕嘉　台湾政治大学商学院副院长暨 EMBA 执行长

零售业，一个看似简单的产业，这几年却深受新兴科技以及消费者生活形态转变的影响，不断地对经营模式进行创新与突围。转型与创新成为零售业经营最常见的痛点和关键词。

街头巷尾广布的便利商店，是最具台湾特色的零售业形式。很多人来台湾，都对其密集度、产品多元的便利度，以及具有人情味的服务温度，感到惊讶与赞赏。但也因便利店深入每个人的生活，受到科技以及市场改变的冲击也最大。

就规模来说，全家便利商店并非是市场龙头，但也许因此没有包袱，更能勇于创新，全家便利店常领先业界推出许多热销产品，例如成人、小孩都爱的冰激凌和烤红薯。

在数字化上全家便利商店亦具代表性，它在 2016 年率先以 App 将消费虚拟化，会员数由零增长到 150 万；再以咖啡预购绑定社群需求，会员数再从 150 万跃升为 400 万，之后不断强化这一做法，强化在线支付与商品预购结合，目前旗下 3 个 App 会员人数已达 900 万，占台湾 1600 万主力消费人口的一半以上，线上会员经济不仅突破便利商店以随机待下顾客为主的痛点，也成为全家推动数字变革的核心策略。

本书作者是全家便利商店会长潘进丁，最早在汽车企业担任企划专员，随着全家便利商店开设，他从副总经理开始历练，一路晋升至总经理、董事长兼执行长官等职务。潘会长进入零售流通产业 30 余年，长期收集企业个案信息，加以研究观察，也由此训练出研判流通趋势的敏感度。在《新零售，变了》这本书里，他观察到零售流通业四大趋势：O 型全渠道、节约型消费、流通新业态、聚焦差异化。

这四大趋势和当前商业发达、消费两极化以及人口趋于高龄化、少子化的形态转变有密切的关系。其中因科技推动，让线上、线下界线不再明晰，企业面对虚实整合、跨界竞争的动荡市场，若不能复合经营，从市场缺口切入新业态，就应重新审视自己的企业资源。

许多时候，领导者并非"决定要做什么事"，而是"决定不做什么事"，这才能瞄准最有效益的领域，这是威尔许（Jack Welch）打造奇异传奇时所提出的"选择与集中"（Selection and Concentration）策略，也是本书作者建议零售业从业者应该直面生活形态转变、新兴科技影响，并重新审视自身的经营模式的方法，这样才能在新时代与消费者有更全面的接触。

企业领导者出书大多是以自己的公司为例，但这本书的内容有所不同。它不是介绍全家便利商店发展的书籍，而是分析 24 家典型企业的经营策略与成长布局，并通过潘会长以实践者的独特视角，

梳理庞杂的信息，深入解读个案，更接地气，让读者更贴近市场的脉动。

对于零售领域来说，潘会长的市场观察分析当然值得关注，但若你在制造业、科技业、金融业或其他非零售领域，误以为书中案例与你无关，那就大错特错了！零售业反映的是经济体的运行状况，与社会和经济市场一脉相承。理解本书的观点，能帮助你了解未来市场的动态，这样的趋势洞察对于每一个产业的从业者都有帮助。有了千金难买的"早知道"，才能在这一波数字化浪潮中站稳脚步，不致被涌浪卷走。

推荐序

以用户为中心，
持续发掘顾客痛点、不断进化自己

徐瑞廷 波士顿咨询公司（BCG）合伙人兼董事总经理

以前我们把产业分为制造业、零售业、金融业，但现在，无论是哪一种行业，数字化变革已经不是选项，而是必然；同样，以前我们把渠道分为线上、线下，但现在对顾客来说，他们仅仅是在搜集信息、购物、售后服务这一连串的客户旅程中，选择最自然的方式与商家接触。

这些都是由于科技进步，在引领着生活形态的改变。尤其是在互联网兴起以后，顾客是被"赋能"的，因为他的手上握有数字科技（手机）载体，就等于可以24小时连接全球的零售渠道。

科技的进步、被赋能的顾客、快速变动的市场，对零售业来说是机会和挑战并存。挑战是，企业必须随着用户的行为和竞争态

势来改变策略，不再有所谓的必胜绝招，整天谨守标准作业程序（SOP）或是过去的成功法则，必定会招致淘汰。然而，在快速变动的市场上，仍然有不变的法则——以用户为中心，持续挖掘顾客痛点，不断迭代升级，就有可能找到你自己的新商机。

为什么这几年沃尔玛的电商可以做起来？除了和收购有关，更重要的是，它发现自己的强项是线下，进而发展出自助取货服务（Pickup Service）。顾客线上下单，店内取货，这对某些不想在家里等快递上门的顾客来说反而更方便。从用户的角度出发，对自己长处进行反思和选择，沃尔玛因此找到一条新的成功路径。

正如本书所强调的，以商品、定价、促销在全渠道时代与顾客对话，不会只有一种营销模式。分析书中的企业案例，其实通向成功无标准答案，甚至同样是卖家具，宜得利（NITORI）和宜家家居（IKEA），一个运用垂直整合模式，一个通过水平扩张模式，均在市场上取得了成功。当然，现在成功的商业模式，也许3年后又会改变。因此，对于企业来说，不断自我修正，把顾客痛点拔除，是一条无止境的道路，这是作者潘进丁会长30多年来带领全家屡屡领先业界创新的核心精神。

以用户为中心，对企业来说应该是一个基本要求。但是大多数企业面临数字化转型的焦虑感，有时候反而执著于技术升级与更新而忽略了用户。当企业不是以用户为中心，而是以技术为中心，就会忘记用户要的到底是什么。就像也许与其发展无人商店，不如用一台贩卖机就可以解决问题。

以用户为中心，才能在跨界竞争成为常态时，精准定位竞争对手。有时候顾客痛点由其他行业来解决会更快、更有效。所以，很多互联网从业者进入零售业，甚至不是做电商的互联网从业者也加入进来，要思考的是，像优食（UberEats）这种美食外卖企业，会不会瓜分了餐饮外卖市场？

举个例子来说，奈飞的竞争对手不一定是其他数字影音从业者，而是类似英佩游戏（Epic Games，以 3D 游戏引擎技术闻名）这样的游戏从业者，因为他们都是解决同一个痛点——打发用户待在家里的无聊时间。如果用户把时间用在打游戏上，那他就不会看影片了。所以，从用户的痛点去思考，除了让你保持领先之外，也更清楚真正的敌人可能是谁。

潘会长在书中提出"O 型全渠道、节约型消费、流通新业态、聚焦差异化"四大趋势，其实波士顿咨询集团（BCG）对于全球零售趋势的观察也与之类似。但我对本书潘会长提及的追求成长与扩大，勿忘重视现场与商圈差异的初衷特别有感触，这正是以用户为中心的经营思维。

市场的快速变动，使企业没有迈向成功的公式可循，但永远以用户为中心，至少可以在变动中找到定锚。当然，你也可以通过这本书，让潘会长带领你，学习这些成功企业是怎么以他们的用户为中心的，或许你会因此找到自己在企业经营上的"定海神针"。

推荐序

创新转型，
不是只有一种方法、一条路径

郭奕伶　台湾《商业周刊》总编辑暨商周 CEO 学院院长

2017 年末，台湾《商业周刊》邀请全家便利商店会长潘进丁为"新零售进化论"专栏执笔，专栏持续 1 年。为什么邀请潘会长与读者分享他对零售流通趋势的看法？当时正是谈论新零售转型风风火火的时刻，但服务业产值占比颇高的台湾地区，却因为新金融、新技术的落后，发展的脚步反倒慢了。

要谈零售业趋势，没有人比潘会长更有说服力。他自 1988 年创立台湾全家便利商店，迄今进入零售业超过 30 年，资历在当今业界无人能出其右。并且，30 多年的从业历程里，他率领全家和竞争对手缠斗 27 年，长期面对强敌，更懂得如何以创新制胜。

潘会长在 2015 年 6 月交棒，接受台湾《商业周刊》专访时说，后进者必须靠不断高速创新，才能占据优势，但创新一定伴随着风险。例如，全家的明星商品"夺番薯"，是一年跌掉 9000 万元（新台币，下同）业绩换来的；掀起排队热潮的超商冰激凌，是预缴 500 万元学费才搞懂的。

他告诉我们，要创新，就别怕犯错，犯错是创新最重要的养分，怕的是什么都不做。学会如何"聪明犯错"，是全家一路往前跃进的动力，也是在全渠道时代，零售流通业能否转型成功的关键，但该怎么个转法？永远不会只有一个模式、一种方法、一条路径。

在这本书里，潘会长以比较性策略分析告诉读者，与顾客对话不会只限于一种方式。这也是台湾《商业周刊》1616 期"O 型新商业"中所探讨的主题，当消费决策以从线上、线下一刀切的线性思考，变成线上 ⇆ 线下的 O 型循环，未来，唯有 360 度无缝包围消费者的企业，才能赢得终局。

当期封面故事以日本回转寿司王——寿司郎作为企业案例之一。寿司郎的精彩案例，部分源于潘会长每月一次的心得分享，他解析日本因为通货紧缩，所得没有增长，加上人口老龄化导致消费力下滑；2008 年后金融危机爆发，企业也大砍交际费用，外食市场明显产生质变，平价餐饮顺势崛起。

寿司郎靠着高 CP 值、现场调理、运用大数据等经营方法，成为业界第一。更惊人的是，寿司郎的食材报废率仅 1%，也就是说，100 盘寿司只有 1 盘会被扔掉，如此低的报废率在餐饮业无人能及！追根溯源，我们深入位于大阪的寿司郎总部，探讨日本这家最会用大数据的餐饮业，是如何调整虚实布局，成为全渠道时代 O 型新商业的王者。2019"商周圆桌趋势论坛"，寿司郎社长水留浩一也应邀来台湾地区，他和潘会长二人针对从服务业"痛点"思考线上、线下的整合机会，有精彩论述。

感谢潘会长与台湾《商业周刊》读者分享他从业30多年、全家3000多店实战经验中淬炼出来的产业智慧。本书精选10种零售新业态、24个企业实例，以多元视角探讨零售流通业转型的无限可能性，也是我们开辟"新零售进化论"专栏时的初衷。

推荐序

技术是手段，
商业模式才是决胜关键

陈升玮　台湾人工智能学校 CEO 暨玉山金控科技长

潘会长这本书，谈的是零售流通业的四大趋势。身处金融业的我看来，这却是一本不折不扣谈数字转型的书，且看得我一头冷汗。

全书佳言满满，我偏爱这段：

创新并非改变空间、规模、商品结构或引入人工智能而已，能否回到企业经营的本质、设定目标顾客、找出符合其生活消费形态、并与主流经营形态区隔的新商业模式，才是流通业的最大考验，也是未来能否存活的关键。

如果将这段话中的流通业改成金融业、服务业或任何直接面对消费者的产业也都行得通。

身为人工智能的传道者，我自然希望人工智能得到更多的注目，让台湾地区的企业尽早地拥抱人工智能，了解人工智能的优势与劣势，并进一步将人工智能实现于所有可能的方面。以零售业举例，店铺选址、店内的动线及商品摆设、广告文宣的设计与发送、个性化折扣、产品的设计都是人工智能善解的问题；以金融业举例，在风险管理、营销推荐、服务质量优化、市场预测、作业流程改造等方面，人工智能也都能够扮演关键的角色，它帮助我们用更短的时间与更低的成本来提供更好的服务。

但是，面对市场期待与消费形态的剧变，线性的持续优化恐怕不是真正的答案。移动装置与人工智能等新技术不断推陈出新，持续改变市场的需求与期待，商业世界中的动态竞争让企业必须不断加速学习，但在奋力前进的同时，市场淘汰机制也跟着加速。

在这样的情况下，企业与其竞争者即使都使用新技术跑得快一点，但双方的相对位置并没有任何改变。

如果想要摆脱竞争对手，必须调整前进的方向，或是改变跑法，才有领先的可能。也因此，在数字转型过程中，技术从来不是目的，只是手段，最终还是要回到客户的需求这一点上，最终，商业模式才是决胜的关键。

本书将零售业与流通业的最新成功转型案例进行完整且清晰的分析，相信对于零售流通业的从业人员来说是不得不读的策略秘笈。更重要的是，从本书的案例中，我们看到零售产业版图的变动与界限的模糊，看到人类生活及消费形式的快速变动甚至带动生产方式的改进，这些改变是所有产业经理人与知识工作者不得不注意的信息。不论你喜不喜欢，这就是我们的现在与未来，也是我们能为经济找到下一个突破点的宝贵线索。

推荐序

深入解读，
源自"踏破铁鞋"的亲访调查

叶荣廷 全家便利商店董事长

如果你是从事零售业或是零售生态圈的一员，潘会长对零售趋势的观察，你不能不关注。原因有三：首先，他曾在其第一本书所提出的趋势，十多年后来看，实现率很高，甚至主导当下流通业变局；其次，他带领全家便利店在低迷经济中突围，屡以异于当时业态主流的见解和对趋势的判断，让全家便利店在发展的拐点上超车；最后，他所提出的见解和趋势，多是亲身体验、用"脚"看天下，阅读他的书等于是走了一条捷径！

潘会长的第一本书是在2006年出版的《当巷口柑仔店变Walmart：零售专家潘进丁阅读十大流通浪潮》，书中所提出的十大浪潮，除了零售金融在台湾地区发展略缓以外，其余的潮流，如并购、虚实整合、业态创新、自有品牌……无一不对当下零售业有着颠覆性的影响。

我跟随潘会长学习 30 余年，长期见他周旋于众多对全家便利店有着深远影响的利害关系人之间，回顾 30 年来全家决策的拐点，几乎都是异于当时业态主流的见解。

例如，全家便利店开业的第 1 年，虽晚于同行企业 10 年，但隔年就以连锁规模的规格布局物流系统，旋即又推出加盟制度。他从日本便利商店的发展看到了加盟趋势，更重要的是，加盟店所构成的本地化，会是刺激总部进步的来源。全家创业前期以 6 年的时间开店 192 家，之后不到 4 年就冲到 500 家，随后以每 3 年 500 家的匀速增长，直至跨过 2000 家，才让全家在台湾市场站稳根基。

然而，就在营收、获利高增长之际，潘会长于 2006 年指出店型变革的方向，他甚至提出带领全家跨出台湾，拓展新事业的 3N 策略（新地区 New Area、新店型 New Format、新事业 New Business）。现在来看，这些都是全家发展的拐点。每一项决策都十分大胆。潘会长独到的见解从何而来？应该源自大量的跨国、跨行业的企业案例比较！

我经常有机会和潘会长出差，赴日本参加会议时，傍晚抵达饭店，行李一搁下，就马上开始市场调查行程。本书所谈到的寿司郎、鸟贵族，潘会长都带着我们几位主管体验过、讨论过；不管是同业、异业，我们经常为了一睹行业中最新的店型、特殊的经营业态，在商务出差的空档，换了数趟电车，在月台上上下下，只为亲身体验。潘会长的企业案例趋势观察，不仅是纸上谈兵，更多的是他亲自到访，置身于场景思考，也因此能够跨越时代，深刻观察他山之石，淬炼独到见解。

因为经常穿梭在同业、异业进行案例比较，使得潘会长的脑中

新零售，变了
——逆势突围的 24 个获利模式

有个丰富的"案例数据库"。我侧面观察，过去当我们带着策略难题和他对谈，纵然当下没有得到立即的答案，但他总能提出明确的目标对象，要我们去比较、分析、拆解标杆企业的经营关键。功课做完了，答案也就水落石出。

潘会长在《新零售，变了》这本书中也提出不少趋势见解，对于零售业来说，着实会胆战心惊，但立即又豁然开朗，在书中找到指引明灯和对于策略终局的启发。胆战心惊之处，在于"连锁店标准化、复制的魅力不再"，对连锁店经营者来说，这可能是颠覆的开始；"实体渠道不再是流通业的代名词"所隐含的竞争场景，也每每都是对实体零售业者的警钟。

指引明灯之处，在"超市餐饮化"的企业案例比较中，潘会长指出，"跨界整合是未来零售业的生存关键"，文中点出跨界不仅是带来竞争，也寓意出整合的关键在于数据！

潘会长时常提及，"看不见的差异化才具有竞争力"。在解析寿司郎的商业模式一文中，生鲜渔货保鲜技术、大数据运用等，都非外显式的经营策略，却是从2011年迄今，寿司郎连续7年成为日本回转寿司业界第一的关键；唐吉诃德总部的矩阵型组织，商品、营业交互配合所产生的竞争力，均对当前零售流通产业趋势潮流的变局提出反思。尽管我时常能够和潘会长对谈，阅读本书仍使我获益良多。

潘会长统帅全家期间，在管理上提倡容错管理模式，为积极干事的人员提供学习及试错的宽广空间。勇于创新不仅是他的人生哲学，更贯穿其用人和经营策略，这些奠定了全家的基调，也是全家的哲学观，这些或不见于本书的字里行间，却一直是作为后辈的我，在企业经营上的指引。

当消费决策从线上、线下一刀切的线性思考,变成线上⇆线下的O型循环,电商和实体渠道的疆界已经消失,未来,唯有能360度无缝包围消费者的"全渠道"企业才能逆势突围。

Part I
O 型全渠道

虚实交融
零售三巨头争霸的决胜点

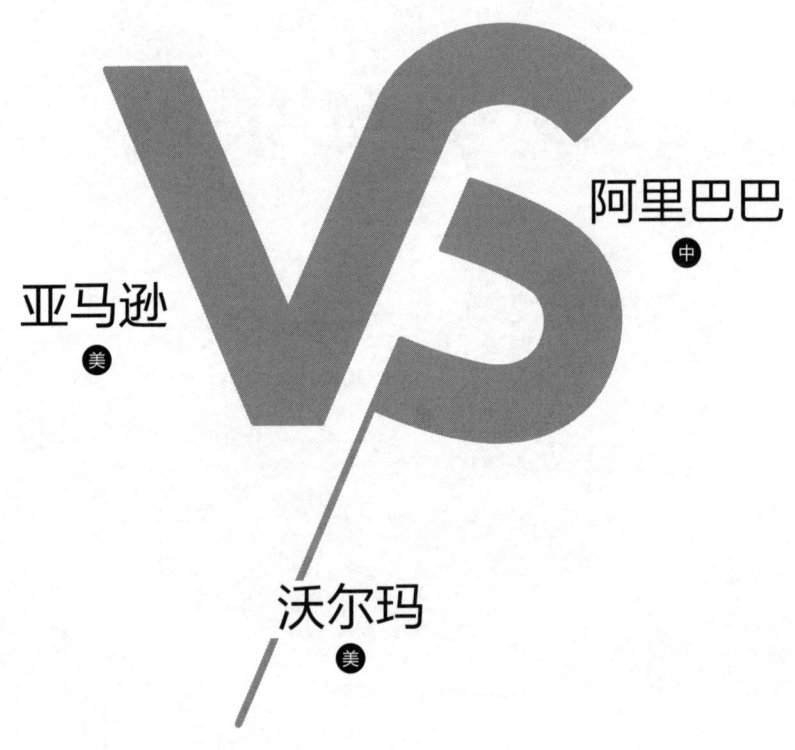

近来零售流通产业令人唏嘘的，莫过于2017年申请破产保护，2018年正式宣布将全美800间实体门市关闭的玩具反斗城（Toys"R"Us）。这家鼎盛时期全球拥有超过1500家店的玩具零售龙头，因儿童穿戴装置普及，对实体玩具需求下降，再加上亚马逊、沃尔玛拥有大量商家、多元商品、宅配物流等电商优势，造成消费者购买行为改变，70年来深植美国人心中童年回忆的玩具帝国就此陨落。

玩具反斗城不只是美国人心中的童年回忆。对于许多台湾民众来说，假日到玩具反斗城玩乐高，应该也是童年的记忆之一。好在美国玩具反斗城全面歇业，但台湾地区玩具反斗城因其财务独立核算，目前20多家门店还是照常运营。

回溯玩具反斗城的发展历程，它于1948年以婴儿家具起家，1957年，因战后"婴儿潮"爆发，正式扩大规模销售玩具。玩具反斗城首创"玩具超市"的概念，让一家人推着购物车买玩具，在玩具反斗城消磨假日时光。这样的好光景一直延续到20世纪90年代，大型零售商塔吉特（Target）、沃尔玛加入玩具销售战局，玩具反斗城的销量开始逐渐下滑。

电商，是压垮玩具反斗城的最后一根稻草。以往圣诞节、感恩节假期是玩具反斗城的黄金时期，电商先以低价商品强势横扫了整个玩具市场，再通过不断优化物流服务，让厂商在假期结束前都能顺利发货送达，彻底打倒主要靠实体店销售的玩具反斗城。

消费决策的转变

从"线上、线下"一刀切，变成"线上 ⇆ 线下"O型循环

玩具反斗城倒闭是否预示实体渠道的弱势？实体渠道若未能

跟上电商趋势，是否从此会被时代淘汰？有趣的是，在玩具反斗城艰难应对亏损期间，电商巨擘亚马逊和阿里巴巴却不约而同地积极并购实体零售渠道，开起实体店面，借此连接线上、线下的各种数据以提升消费体验。在它们的带领下，一股新零售浪潮立刻席卷市场，其他电商行业从业者纷纷跟进，开展并购或投资实体渠道，大型跨国实体零售企业如沃尔玛、家乐福等，也与网络业者结盟，加速发展线上购物。一时之间，线上、线下出现前所未有的互动与整合。

新零售浪潮的兴起，源于消费行为的改变。当线上购物已成为一般人选择购物模式的必备选项时，渠道的意义也不再等于实体店铺。对于顾客来说，他根本不在意购物渠道是线上（电商），还是线下（实体店铺），吸引他的是更好的消费体验。

对于零售流通产业的经营者来说，当顾客的消费决策从"线上、线下"一刀切的线性思考，变成线上⇆线下的O型循环，线上购物和实体渠道的界限已然消失，唯有能360度无缝包围消费者的"全渠道"才有赢的希望。事实上，顾客的消费决策及其行为的转变，影响的绝不只有实体店经营者，包括已经历十余年发展的综合型电商平台，也开始面临成长的瓶颈。

以内地市场为例，从2017年起，线上零售额的增长速度明显放缓，据相关人工预测，未来线上零售额会每年下降8%~10%。传统电商的用户增长及流量红利也日益萎缩，争取用户黏度的成本越来越高（图1.1），综合型电商平台如不进行变革，恐怕难以存续，整合线上、线下、物流的"O型新零售"全渠道，是电商突破"成长天花板"的出路，也是传统零售渠道避免萎缩、被边缘化的必然趋势。

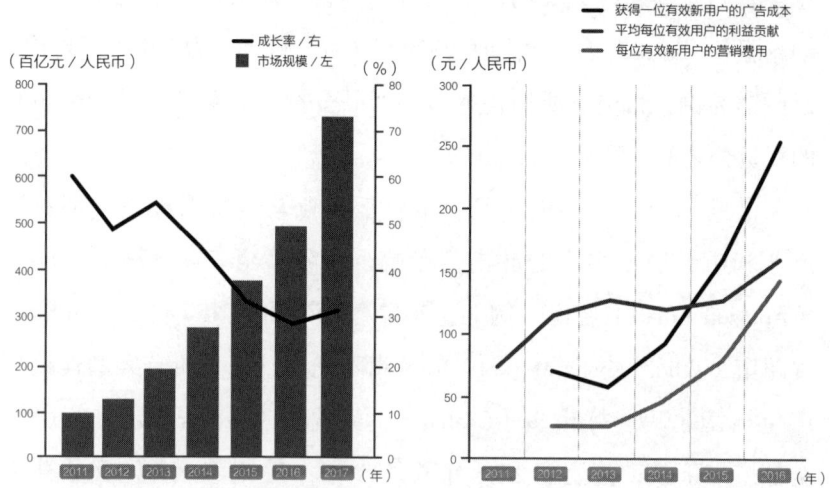

自 2013 年之后，在线零售市场的增长率逐年降低，与此同时无论是在获得一位新用户的广告成本，或是每位有效新用户的营销费用上，自 2013 年起，其成本却大幅提高。

资料来源：DIAMOND Chain Store，2018.3.1

图 1.1　内地线上电商市场规模与获取新用户成本的变化

不过，"线上 ⇆ 线下"的整合串联并非易事，也没有固定模式，以东西方两大电商龙头亚马逊及阿里巴巴为例，因运营思维及商业模式不同，两者的策略与整合行动也不一样。

规模经济比一比

 亚马逊 / 全球最大直营卖场
阿里巴巴 / 全方位媒合交易服务

1994 年杰夫·贝佐斯在美国西雅图创办了亚马逊，它由线上书店起家，现已是全球最大的线上零售商之一，其销售的商品包罗万象，有如一座超级大卖场，不仅如此，它还提供各种数字化产品及物流服务，2018年营收额约为2329亿美元，折合约为7兆元新台币。以服饰为例，目前它所销售的服饰产品金额，甚至已超过全美所有的百货公司的销售总额。

借助规模经济和创新经营的优势，亚马逊每次出手，都对该产业和市场造成很大的冲击与影响，业界甚至有"亚马逊效应"（Amazon Effect）之说。例如，2017年亚马逊以137亿美元并购全食超市（Whole Foods Market）的消息曝光后，几乎所有大型连锁超市包括沃尔玛、好市多（Costco）、克罗格（Kroger）超市等股价全都应声下跌；甚至在2018年6月，它以10亿美元并购在线药店Pillpack，也导致美国大型连锁药店类股票的股价全面受挫。

规模可与亚马逊匹敌的综合型电商平台，恐怕就数1999年在杭州成立的阿里巴巴了。阿里巴巴原是B2B的电子商务贸易平台，经过这些年的发展、扩张，如今已是一个包括网上零售、购物搜寻引擎、第三方支付和云端计算服务等的大型集团，2018年商品交易金额达到4.8万亿元人民币，阿里巴巴全集团年营收额则达到2503亿元人民币。

阿里巴巴的创办人马云在2005年就提出"虚实整合"的想法，2016年10月，他在阿里云栖大会的演讲中首度提出"新零售"的概念，他认为未来10年、20年，不会再有电子商务这个说法了，只有新零售。所谓的新零售，是指结合电商、实体店铺与物流的全渠道零售，而且通过串联线上及线下的数据，精准掌握消费者的喜好与动态，让线上和线下的购物体验一致化。

马云在2017年阿里巴巴18周年庆的活动上，宣布要用20年时间打造"全球第五大经济体"。为什么他敢夸下海口？因为阿里巴

6　新零售，变了
　　——逆势突围的24个获利模式

巴提出新零售的概念之后，吸引着全球资本与资源向之靠拢，它也开始陆续整合线上及线下资源，扩大投资与物流建设。

亚马逊和阿里巴巴同为电商巨擎，但其核心却很不一样。亚马逊的定位是虚拟的直营大卖场，以 B2C 为主，主要由亚马逊自行进货对外销售，另外再加上类似商店街的商家开店平台（Marketplace）。阿里巴巴则是提供不同平台媒合交易服务，旗下三大平台各有不同的商业模式，阿里巴巴平台是 B2B 电子商务平台，淘宝平台为 C2C，天猫平台则为 B2C。

关键物流比较

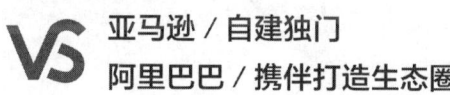

以"直营大卖场"为核心定位的亚马逊，采取垂直整合的策略，长期以来持续投资建构物流配送系统与进销存信息系统，建立起高效率的供应链，对采购进货、包装理货、出货、物流等工作，都不假外人之手，部分偏远地区的配送则外包。不但在美国如此，在日本、德国、英国等海外市场也一样。

这一套全方位的物流运作就是知名的亚马逊物流（Fullfillment by amazon，简称 FBA），已成为它的独门服务与优势，使它能高效、快速、简便地帮助各种不同规模的跨境电商卖家做好当地市场的物流管理，并有效提升卖家商品在亚马逊搜索的排名。即使不是由亚马逊进货直营的商品，在 Marketplace 开店的卖家也可以享受 FBA 的物流服务。

这一套垂直整合的商业模式，可追溯到贝佐斯创业之初，他在餐桌上用餐巾纸亲手绘下的一张成长循环图（图 1.2），贝佐斯深知

要让顾客满意有三个要件：一是市场最低价；二是快速送达；三是丰富多样的商品选择。所以，亚马逊以多样性的商品组合及低价吸

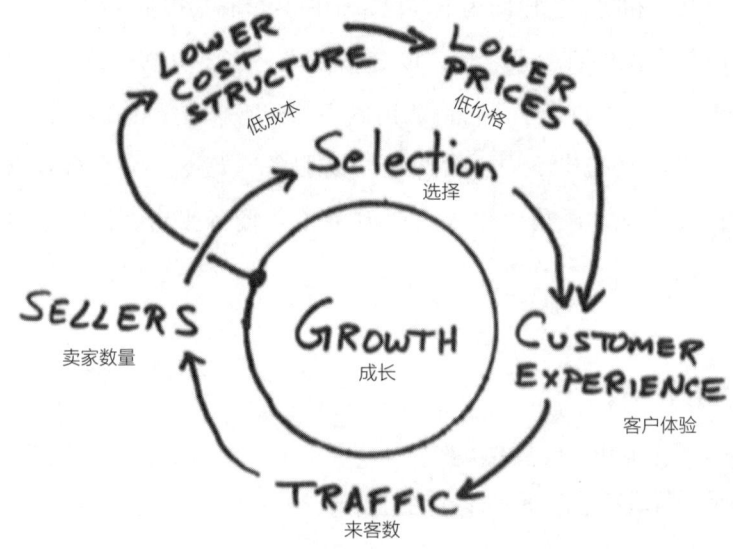

资料来源：https://insider.zentail.com/bezos-virtuous-cycle-leverage-invest-infrastructure/

图1.2　贝佐斯亲手绘制的亚马逊成长循环图

引顾客购买，借助高流量与大成交量创造出规模经济，吸引更多卖家利用它的平台卖东西，让亚马逊能供应更多、更便宜、更好的商品。基于这个逻辑，亚马逊和实体零售巨人沃尔玛一样，在价格策略上强调"每日市场最低价"（Everyday Low Price，简称EDLP），为了落实这个要求，达到薄利多销的目的，过去7年内亚马逊曾整体下调商品价格30次（图1.3）。

至于阿里巴巴，由于其重心都是建构平台，让企业、大小商家及个人卖家可以通过平台上架商品销售，所以，物流仓储和配送方面是以资本合作的方式联盟进行的，形成一个阿里巴巴体系的生态圈（图1.4）。阿里巴巴可以拥有控制权，并掌握数据，但实际运营则交还给合作方。以阿里投资成立物流数据公司"菜鸟网络"的模

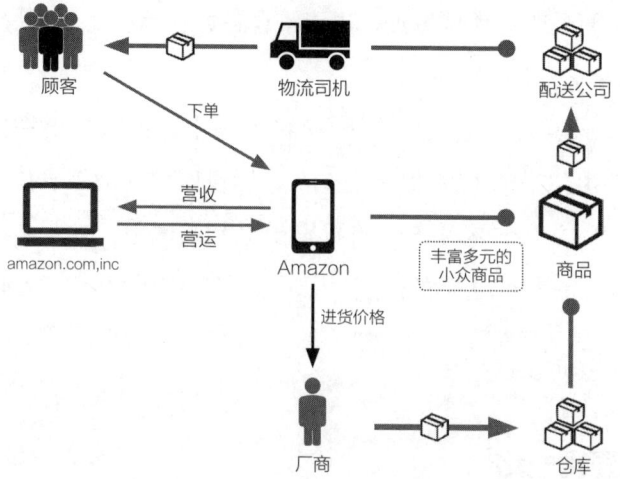

资料来源：日本 dip 网站一文"利益を出さない amazon そのビジネスモデルの秀逸なカラクリを表とともに解する"（中译：图解亚马逊不赚钱的商业模式），
https://tw.wantedly.com/companies/dip/post_articles/125790

图 1.3　亚马逊商业模式

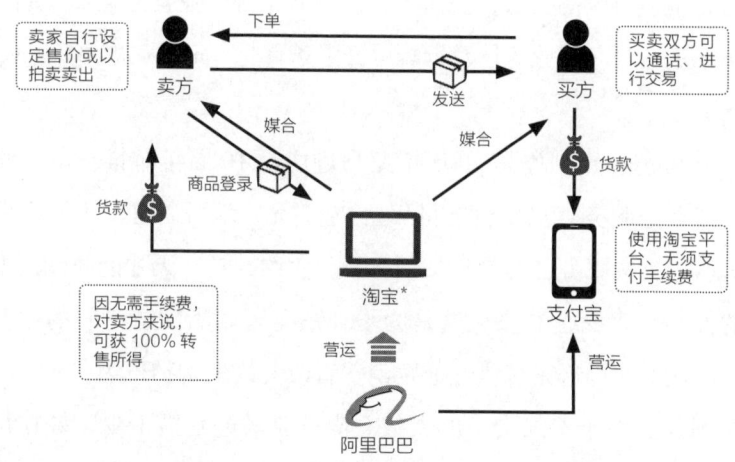

* 阿里巴巴集团各平台获利来源不同，本图仅以"淘宝"为例。

资料来源：日本 note.mu 网站一文"ビジネスモデル 解～アリババ集 について～"
（中译：商业模式图解，关于阿里巴巴），
https://note.mu/my_kyon_note/n/n482f1832f591

图 1.4　淘宝平台（C2C）的商业模式

Part I　O 型全渠道　9

式为例，便是既可掌握数据，也能整合各方仓储、物流、快递人员，完成最后一公里配送的整合。

2017年9月阿里巴巴投下53亿人民币，把对"菜鸟网络"的持股比例由原来的47%提高为51%，增设区域与前置仓库，以加快配送速度，并宣布未来5年将投资千亿元人民币，加强数据技术、智慧仓库、智慧配送等的研发，希望能实现中国大陆24小时、全球72小时送达的目标。

获利来源比一比

亚马逊／收费会员制＋云端服务
阿里巴巴／网站交易＋金融服务手续费

以获利模式来说，亚马逊并非靠卖东西赚钱，由于强调低价，它把商品利润压得很低，公司主要的利润来源是亚马逊会员（amazon Prime）的会员年费收入以及云端运算服务事业（amazon Web Services，AWS）。

亚马逊会员制原是2005年亚马逊成立10周年时推出的"吃到饱"式运送服务，只要付会员年费79美元，就可以享受无限次两日内送达的免费服务；若没有加入会员，大约5到7天才能收到网上订购的商品。表面上看来，这是为了补贴缩短商品配送时间的运费成本，实际上亚马逊是想借此鼓励消费者改变线上购物行为。

刚开始由于参加会员的人数有限，亚马逊亏损不少，好在付费会员对于快速送达的免费服务相当愿意买单，亚马逊会员制也渐渐变成一项超值服务。2014年，亚马逊把会员年费由79美元调高到99美元，但会员的福利除了免费快速寄送服务，也增加各种数字内容的免费服务，包括快速出货、线上观看电影、音乐流媒体、借阅电子书及体验亚马逊的各种创新服务等。

付费会员制成了亚马逊创新服务的试点，同时为了获得更多利润，亚马逊在影音媒体及数字内容上的投资也越来越多。2017年初，亚马逊再度将会员月费调高18%，由10.99美元调高为12.99美元，同年5月又调高会员年费，从原来的99美元调高至119美元。当时加入亚马逊会员制的全球会员人数已超过1亿人，如果这些会员全都续约，光是年费收入就有119亿美元。研究显示，亚马逊会员的消费额是非会员的两倍，显然会员的忠诚度相当高，许多会员其实冲着观赏免费影音及"几小时之内免费快速送到家"（amazon now）等服务而来，由于已付了年费，便抱着"回本"的心态，更乐于使用各种免费服务，如此循环下去，黏度自然越来越高。

亚马逊会员制除了可以提高顾客忠诚度，也可以收集消费数据与情报，建立大数据，提供给品牌业者及供货商用来营销或开发商品，并通过广告向用户推送适合的商品等，这些服务都可以成为亚马逊带来其他收入的来源。

为了储存数据，贝佐斯特别成立亚马逊云端运算服务事业（AWS），也为其他有需求的商家提供服务。例如，亚马逊结合云端服务技术，在2015年愚人节推出的"一键到家按钮"（Dash Botton），其实就是AWS驱动的物联网服务，当消费者要补充生活必需品时，只要按下按钮，亚马逊就可以送货到家。不仅如此，它还可以控制智能家居（该项服务已于2019年3月下架）。

当然，对AWS来说，这些都是数据的累积。长年下来，这个部门的获利一直是亚马逊网购以外表现最耀眼的。以2018第四季度季报为例，AWS营收74.3亿美元，占总营收725亿的10.2%，其利润21.8亿美元，则是占整体利益38亿美元的57.4%。

可以说，亚马逊是属于非典型的多元零售业，主要获利来源不是靠零售买卖，而是靠大数据及云端运算（图 1.5）。

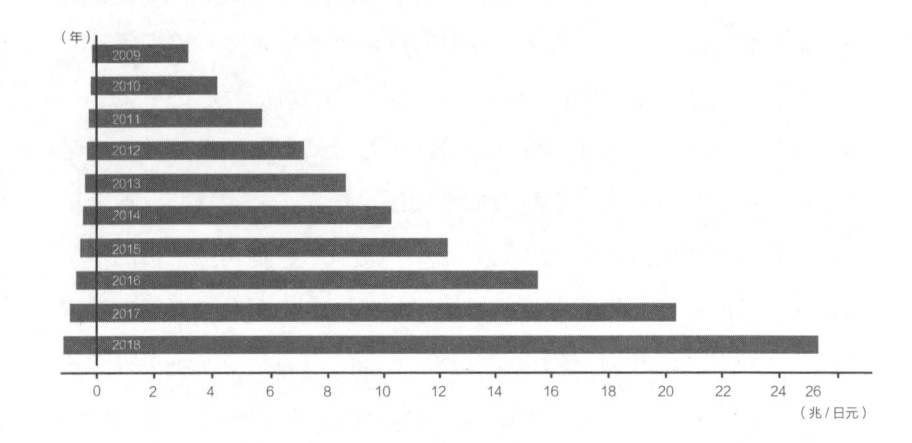

(年)
2009
2010
2011
2012
2013
2014
2015
2016
2017
2018

0 2 4 6 8 10 12 14 16 18 20 22 24 26
(兆/日元)

（百万/美元） **亚马逊 2018 年 Q3 财报**

	营收	占比（%）	盈利	占比（%）
全球市场	56576	100	3724	100
北美市场	34348	61	2032	54
国际市场	15549	27	-385	-10
AWS 事业	6649	12	2077	56

资料来源：Diamond . Chain store 杂志，2018.12.1

图 1.5　亚马逊近十年营收

阿里巴巴做的是平台服务生意，建设平台让买卖双方直接交易，自己不经手商品，主要获利来源是网站交易手续费及支付宝交易手续费。一旦买卖成交，买家把货款付给支付宝，收到货确认没有问题后，支付宝再把款项付给卖家，阿里巴巴则从中收取交易手续费。

金融服务可以说是阿里巴巴的一大优势，马云 2005 年开始宣讲"虚实整合"，最先整合的项目就是金融服务。2010 年他通过旗下支付宝电子商务（Alipay E-commence）收购线上付款业务支付宝，经过8年，这项金融业务已壮大为财务金融服务集团蚂蚁金服（简称蚂蚁金服），业务范围包括支付、理财、消费金融、信用评价、保险、微型贷款、银行等。2018年6月，蚂蚁金服完成上市前最后一轮私募融资，取得140亿美元资金，这笔资金被投入到支付宝的全球化拓展及自主科技发展上。蚂蚁金服预估市值约1500亿美元，俨然已成为全球估值最高的金融独角兽，身价接近2014年阿里巴巴赴美上市创下的1680亿美元纪录。

虽然亚马逊和阿里巴巴同样是电商，但由于核心定位、发展策略、商业模式不同，营利率悬殊。以2017年的数字来看，亚马逊年营收超过1778亿美元，利润率只有2.31%，约为41亿美元。阿里巴巴年营收约为1583亿人民币，利润率却高达30.36%，约为481亿人民币。

亚马逊的利润率偏低，主要是贝佐斯认为，亚马逊是科技公司，不是零售业，必须持续不断地投资物流、信息网路等基础建设，以提升运营效率与服务质量，即使这样做会压低亚马逊每股盈利也在所不惜。实际上，亚马逊这些年的大举投资，的确让经营利润率持续提升，服务项目也不断创新，进而牢牢地巩固市场龙头地位。

新零售布局比一比

VS 亚马逊／通过并购、设立专柜进军实体渠道
阿里巴巴／通过资本合作、自建渠道双轨并行

在新零售布局方面，亚马逊是以投资或业务合作的方式选择合适业态，通过虚实整合打通原本电商业务的瓶颈。

虽然亚马逊在服饰、影音、出版等领域打败了实体零售业，

但旗下生鲜"Amazon Fresh"一直做不起来，2017年亚马逊大手笔以137亿美元并购全食超市，就是为了切进最难经营的生鲜食品领域。

全食超市在全美约有460家店，因其一直出售天然有机商品，商品售价较高，会员多半是高收入、重视生活质量的精英阶层。亚马逊并购全食超市之后，为了吸引更广大的消费人群，开始实施每日最低价策略（EDLP），2017年8月，亚马逊宣布，全食超市全面降价，并把全食超市的365 Everyday Value、Whole Paws、Whole Catch等自有品牌商品引入亚马逊商城销售。他们想借此吸引更多高收入人口加入付费的亚马逊会员，以复制贝佐斯的成长逻辑循环，让全食超市成为亚马逊与实体零售巨人沃尔玛竞争的滩头堡。此外，亚马逊也把无人商店模式（amazon Go）引进"全食365"（全食超市旗下的小型有机超市），若测试成功，再导入全食超市，以加快虚实整合的脚步。

除了并购全食超市，亚马逊也与百货渠道科尔士皮货公司（KOHL'S）合作，在其门市设立专柜，销售原本只在网络上售卖的电子书阅读器Kindle及智能家用声控助理Echo等商品，并设立退货中心。2018年4月起，亚马逊也与美国最大的电器量贩店倍思买（BEST BUY）策略联盟，在实体渠道展示网络商城的商品，这些动作都可以看出亚马逊对于实体渠道经营的积极态度。

和亚马逊相比，阿里巴巴布局新零售的动作更多元，在进军既有的实体零售渠道上，它以资本合作为主；在经营平台扩张上，则以自建为主，双轨并行。自2016年起，阿里巴巴积极进军实体渠道，先后投资三江购物、银泰百货、联华超市、居然之家以及最大的家电卖场苏宁易购等，2017年更以28.8亿美元并购大润发超市，将之改造为新零售门店（表1.1）。

表 1.1 亚马逊与阿里巴巴商业模式比较表

	亚马逊	阿里巴巴
核心定位	直营大卖场	平台服务
策略	垂直整合	策略联盟
商流	B2C 为主（直营进货） Marketplace（商家开店）	B2B（阿里巴巴网站） B2C（天猫） C2C（淘宝）
物流	1. 自建综合物流中心 2. 配送采自建＆外包并行	1. 物流中心＆配送采资本合作策略结盟 2. 平台型握有控制权股份
获利来源	1. 会员费 2. 云端服务费	1. 网站交易手续费 2. 支付宝金流服务手续费
收益率（2017年）	2.31%	30.36%
新零售布局	1. 选择业态逐步进入 2. 并购＆业务合作	1. 全方位、多业态展开 2. 线下板块投资为主；平台型自建为主

参考资料：《亚马逊2022：贝佐斯征服全球的策略蓝图》，田中道昭

阿里巴巴虚实整合的两大重要策略，一是通过进军实体店，开设整合餐饮、零售、电商、物流的"盒马鲜生"，在 3 公里商圈内提供网购 30 分钟店到家服务的虚实整合新业态。另一方面，阿里巴

巴建立了综合流通管理平台"零售通",提供进销存数字管理技术,帮助600多万家个人经营的小卖店转型。

阿里巴巴认为,通过零售通、盒马鲜生、菜鸟物流、支付宝等多元渠道和工具,整合虚实渠道里进、销、存的商品大数据,以及顾客购买行为的消费大数据,就能360度包围消费者。

根据这些新零售数据的收集和分析,从阿里巴巴对菜鸟网络的持股率提高到51%,成为绝对控股,并在7个董事席次中占4席的动作来看,深具战略意义。一来阿里巴巴主要的竞争对手京东集团自营物流相对具有优势,阿里巴巴势必要强化原本相对较弱的物流环节;二来把生活化的物流数据放上云端,可以进一步扩大阿里云的影响力。

实体巨人沃尔玛的反击

　　①并购电商快速弥补电商缺口
　　②依靠折扣增加线上交易金额
　　③联盟整合抢占北美以外市场

在亚马逊和阿里巴巴以并购或合作方式进军实体渠道的同时,拥有超过4700家卖场、全球规模最大的实体平台——沃尔玛也非省油的灯。它在历经一连串的尝试后,逐渐摸索出实体版的新零售之道,2018第二季在线销售额就较前一年增长了40%。

2016年,沃尔玛以30亿美元现金加上3亿美元的股票(共约208亿元),收购新创电商网站Jet.com网战,并挖走了创办人马克·洛尔(Marc Lore),成为其电商业务负责人。Jet.com网战原本和沃尔玛一样,主打价格优势,运用独家研发出来的算法,分析出物流和供应链相关成本,让消费者在结账时享有额外折扣,进而产生"便宜"的感受。2017年，沃尔玛又陆续并购5家电商，其中包括销售户外装备的电商Moosejaw、鞋类电商Shoebuy、时尚女装电商Modcloth、男性服饰电商Bonobos，借此快速增加沃尔玛在线购物的商品品类，加速弥补电商业务的缺口，更希望利用这些电商的创新科技来开发新服务，为消费者节省时间和成本。

沃尔玛在自营的电商业务上下了很多功夫，为鼓励在线订购、门市取货的消费习惯，特别依靠打折措施、加速设立便利取货的据点、测试员工下班顺路送货的可行性，并针对尿布、宠物食品等200万件热门商品的网购订单，推出免缴年费即可享免运费两天到家的服务，同时加强推动生鲜电商。

此外，2017年8月沃尔玛也联合谷歌（Google）合作开发语音购物市场，顾客可以通过谷歌客居（Google Home）智慧声控向沃尔玛订购商品，并通过谷歌特快（Google Express）配送取得商品，意欲挑战亚马逊深获好评的人工智能声控助理Alexa。种种努力，确实为沃尔玛创造了增长动力，带来了不少新顾客。2017年8月公布的财报显示，沃尔玛连续12个季度实现营收成长，获利亦优于预期，电商事业的交易金额也较前一年增长67%。2018年第一季营收仍持续上升，线上销售额也比前一年同期增加33%。

针对北美以外的市场，沃尔玛也毫不手软，从2016年开始，它先和电商巨头之一的京东，以换股方式联手展开虚实整合，沃尔玛进驻京东在线平台开店。一年下来，线上销售成绩斐然。2017年双方扩大合作，进一步朝在线平台、线下门市深度融合前进，让彼此的用户、门市和库存可以共享、信息互通，以抢占市场。接着，沃尔玛进一步出招防堵亚马逊，在2018年5月砸160亿美元收购印度电商龙头Flipkart 77%的股权，牢牢掌握快速增长的印度市场，增强与亚马逊一决高下的实力。

因为看好日本电商市场快速增长，预测未来几年市场价值将超过上千亿美元，2018年初沃尔玛在日本经营的西友（Seiyu）连锁超市，也和日本最大电商平台乐天携手，推出网购生鲜送货服务，并且双方共同在美国市场销售电子书和有声书。到目前为止，沃尔玛的电商营收仅100多亿美元，占总营收约2%，通过近几年的各种并购、联盟整合，沃尔玛希望未来电商收入占比可以提高到10%。

台湾地区渠道市场解析
便利商店，是虚实结合的最佳选择

台湾地区实体商店密集、营业时间又长，购物环境十分便利，因此目前消费者买东西仍以实体店为主。即便如此，台湾地区电商销售额已占整体零售金额的12%。另一方面，随着台湾地区人口老龄化、少子化的影响，实体零售渠道的销售额增长不易，甚至面临下滑萎缩的危机。为了生存，取长补短、互通有无、虚实结合以提升顾客服务，已是当务之急。

其实，从消费者的角度来看，不论是何种实体零售渠道，都有其不足之处。以24小时营业、分布密集的便利商店为例，固然很方便，但卖场面积小，难以提供更多商品以完全满足顾客生活所需。如果可以通过资本合作或策略联盟，与电商平台共享数据，建立红利点数交换等机制相互导流，共享物流中心等关键基础建设，不但对双方都有利，也可以大幅降低物流配送等后端成本，提升彼此的投资与经营收益。

从阿里巴巴成立天猫小店，可以看出能完成电子商务最后一里路的便利商店，是虚实结合的最佳选择。全家便利商店积极开发"最后一里"的"店取"业务，与雅虎、电脑之家（PCHome）合作提供网络购物、便利店取货的业务，经过多年的发展成长迅速，如今一天的取件数已高达十几万件。此外，全家也通过策略联盟与业务合作方式，与合适的电商平台开展虚实结合。2015年成立行动购物平台"91App全家馆"，尝试通过虚实结合，提供消费者跨装置的行动购物体验，一年后更名为"全家行动购"，"91App全家馆"也由初期的提供平台开店，发展为全家的电子商务（EC）提供商。

沃尔玛董事长暨执行长道格拉斯·麦克米伦曾说："零售业仍在不断演进，当消费者和竞争场景持续变化时，我们必须动得更快。"的确如此，从上述案例风起云涌的虚实结合动作，不难看出新零售的浪潮已席卷全球，台湾地区市场规模小，更难逃它的冲击。然而，虚实渠道各有其经营专业，若希望实现360度包围消费者，须放长眼光与放宽胸怀，以更紧密的合作，加速结合的脚步。

打破边界
用数据卖衣服的渠道战略

优衣库 日

VS

ZOZOTOWN 日

根据相关的统计数据，过去3年台湾地区零售业营收增长率都在3%以下游走；四大主要零售渠道百货、超市、超商、量贩业，营业额的增长率都不到5%，其中百货业的增长力度最弱，2018年增长率仅为1.51%。

以日本为例，在人口负增长、高龄化的大趋势之下，百货公司整体产业的好光景不再，已是不争的事实。日本因为人口负增长、高龄化，服装市场萎缩，总营收从2004年的3兆日元，一路下滑到2017年的2兆日元。受到冲击最大的，就是以卖服装为主的零售百货业，营收也从2004年的8兆日元，一路下滑到2017年不到6兆日元（图2.1）。

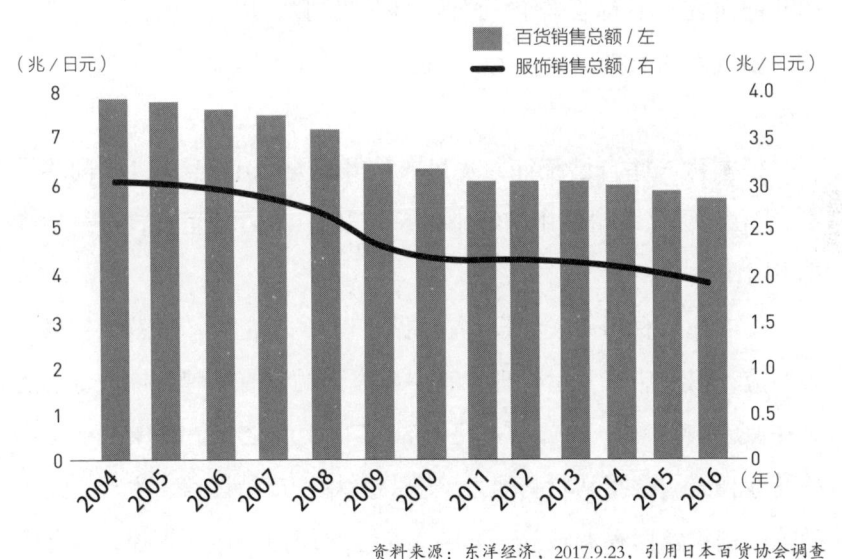

资料来源：东洋经济，2017.9.23，引用日本百货协会调查

图2.1　百货销售低迷造成服饰销售减少

然而，日本快时尚品牌优衣库（UNIQLO）不但没有受到影响，

反而逆势增长。2017年营收首次突破2兆日元，比前一年增长了13.3%，营业利润为2250亿日元，增长了27.5%，创下历年新高。另一方面，日本服装业电商平台ZOZOTOWN，2017年营收2705亿日元，比前一年增长了27.6%，营业利润为326亿日元，增长24.3%，同样创下新高。

为什么日本服装产业的总体市场下滑，优衣库和ZOZOTOWN却可以逆势创高？

以原材料研发见长的优衣库，以2001年刷毛外套Fleece（编者按：刷毛保暖材质的衣物）及2007年推出的发热衣，在日本造成轰动大卖，奠定了优衣库快时尚领导品牌的地位。它在2003年和世界最先进的纤维科技大厂东丽公司合作研发，在材料上经过长时间的共同研究，不断地试作、修改，创造保暖、透气、舒适的人造纤维，制成发热衣推出后，大受好评，之后又不断地强化设计、增加功能性。

根据优衣库自己统计，发热衣从开发至2017年，14年间累计卖了10亿件之多，使用的纤维量总计共有70万公里长，可绕地球17周半。

优衣库从材料研发到设计、商品组合、制造生产、营销和供应链物流，以及店铺营运管理，有一套严谨的自有品牌服饰商专卖店（SPA）管理模式。SPA原本是1986年由美国服装品牌GAP所提出的商业模式，意指从材料研发、商品策划、产品设计、生产制造、品控、销售及库存调整等，均纳入企业组织内一体化管控，这种管理方式能有效地将顾客和生产联系起来，以满足消费者需求为首要目标，并依据市场需求来随时调整生产进度、商品设计方向、目标消费群及店铺设置等，借此达到高效的生产能力，并保障产品快速更新（图2.2）。

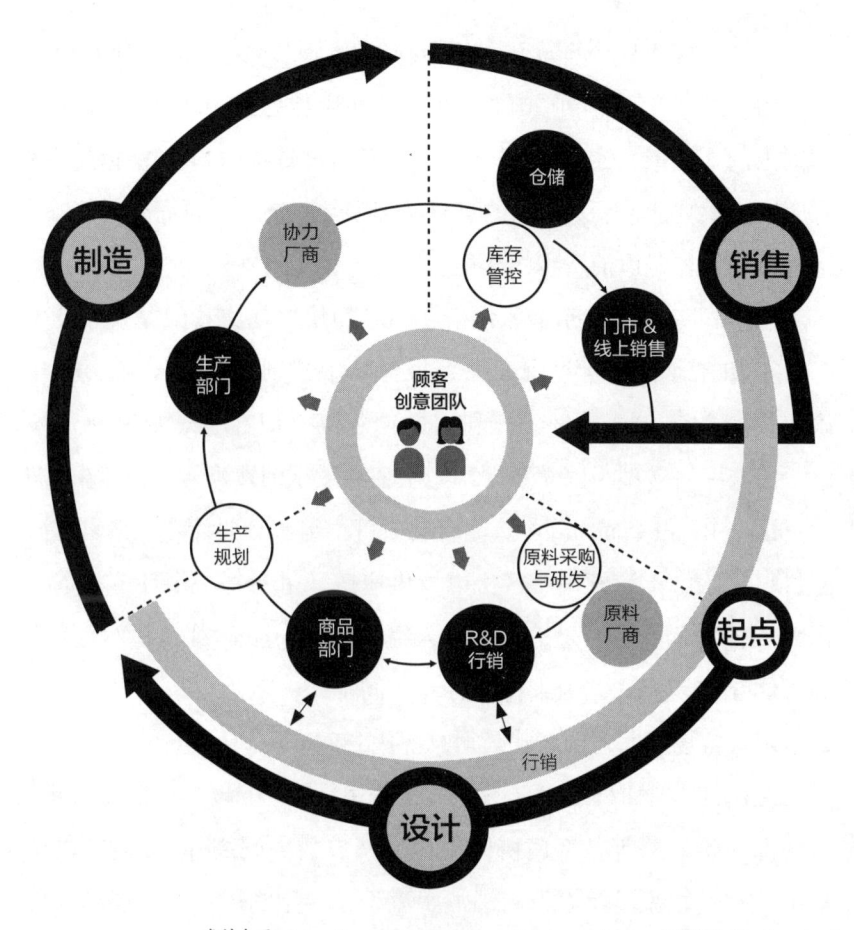

资料来源：https://www.fastretailing.com/eng/group/strategy/UNIQLObusiness.html

图 2.2　优衣库采用的 SPA 商业模式

简单来说，优衣库采用的 SPA 管理模式是利用零售店内的销售终端（POS）系统了解市场动向，再向上连接生产线，将库存降到最低。也就是将"顾客"与"生产者"直接相连，并针对消费者的喜好变化，进行迅速反应与库存管理。优衣库的成功，使其和西班牙的 ZARA、瑞典的 H&M，并列世界三大快时尚制造零售品牌。目前优衣库市值约 5 兆日元，仅次于 ZARA，已超过 H&M。

此外，优衣库的全球化发展也获得很大的成果，2001年在伦敦开启海外第一家店，到2017年8月国外店数已达1089店，超过日本国内的831家；2018年国外营收首度超过日本国内。这显示了优衣库以提供功能性、基本款的自有品牌家常服饰为主要商品的策略，逐渐得到世界各地消费者的认可。

然而，正当优衣库全球化拓展脚步加快之际，其创办人兼社长柳井正却在《2018年投资人关系报告》中特别强调，虽然2018年该集团营收突破2兆日元，利润也创新高，但在全球数字化浪潮中，优衣库将转型为以"数据"为主轴的数字消费零售公司（Digital Consumer Retail Company）。他启动项目小组"有明计划"，自上游原材料采购、下游营销、零售以及供应链，进行每一个环节的数字化SPA的全面改革。过去是由个人经验主导商品企划、生产、贩售的一体化控制模式，未来将在各环节间加入大数据分析运算，并在日本东京台场有明地区新建公司总部优衣库City。

在这栋占地1.65万平方米的6层楼里，除了6楼是包括商品部、企划部、研发部等各部门协同工作的开放式空间之外，1到5楼全都用于仓管物流以及模拟店铺消费流程，希望利用每日从现场收集的数据，精确掌握顾客喜好，并实时响应这些喜好，快速进行商品研发。同时，在上下游供应链方面，也能和协做工厂紧密连接，建构弹性化的生产流程，以及快捷高效率的物流机制，取得更强的竞争力。

除了在总部的设计嵌入数字零售的流程设计，优衣库也利用实体店优势，强化O2O虚实结合的无缝接轨。例如集团内副牌GU于2018年在东京原宿开设的数字融合型次世代店——GU STYLE Studio，就在卖场上设置了数字面板（GU STYLE CREATOR），顾客只要用手机拍照，上传至该面板，就可以利用面板画面进行虚拟试穿，还可以自由变化发型、眼镜及各种穿搭，创作自己喜欢的造型。试穿满意的商品可马上通过手机购买，在指定时间、地点取货，发挥虚实结合的优势。

另一方面，顾客试穿的过程也全被记录下来，转化为数据反馈总部，作为商品研发、营销使用，如此也减轻了现场试穿、叠衣、结账等劳务。

优衣库目前的电商营收占比 6%，通过数字情报武装，以及虚实无缝接轨，未来其电子商务的营收目标为占总营收的三成。

ZOZOTOWN／日
从电商平台崛起，转向实体生产制造

ZOZOTOWN 是日本最大型的流行服饰购物网站，成立于 1998 年，创办人前泽友作从初中时代就开始玩乐团，高中时出过唱片，并到全国巡回演唱，高中毕业未升大学，梦想成为职业歌手。当时他进口许多欧美乐团 CD 与圈内人分享，之后因为数量太多，就成立贸易公司，进口 CD 进行贩卖，销售业绩相当好，后来他索性退出演艺圈，将 CD 线上销售企业转型为经营服饰的电商。

目前 ZOZOTOWN 平台上有 1139 家服饰厂商、6820 个品牌，因人气品牌聚集，足以让客人有更多选择，提供一站购足的服务。2018 年平台交易金额高达 2705 亿日元，市值超过 1 兆 2 千亿日元，是百货龙头三越伊势丹的两倍多，可见其电商事业的成功。

ZOZOTOWN 的成功关键，在于顾客定位清楚，它以 25 岁到 35 岁的年轻人为目标，其中女性顾客近七成；近八成顾客是通过移动设备购买（图 2.3）。它还进一步利用年轻人爱分享时尚品位的心理，开发穿搭时尚 App "WEAR"，目前下载次数已超过 900 万。这款时

男性 33%
女性 67%

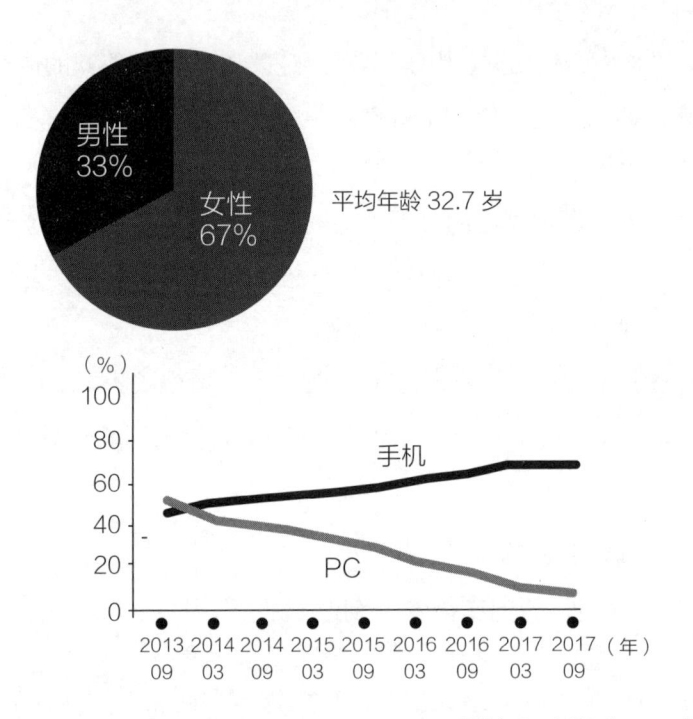

平均年龄 32.7 岁

(%)
100
80
60 手机
40
20 PC
0
2013 2014 2014 2015 2015 2016 2016 2017 2017 （年）
09   03   09   03   09   03   09   03   09

资料来源：东洋经济，2017 年 9 月 23 日

图 2.3　ZOZOTOWN 女性顾客近七成；八成顾客使用手机购买

尚 App 主要是通过模特儿、网红、消费者影音上传分享穿搭经验，同时可协助顾客选择、购买该商品。2015 年光靠"WEAR"带来的年营业额高达 120 亿日元。

在经营上，ZOZOTOWN 仿效亚马逊自建电商基础建设，包括系统、物流中心等均是自己建立，不外包，虽然前期投入大量经营成本，但也因此确保商品正确且快速送达。

ZOZOTOWN 获利的主要来源，是向卖方收取售价 28% 的高额手续费。虽然手续费很高，但对服饰厂商来说却很方便，例如 ZOZOTOWN 的物流中心内常驻摄影师、模特儿，只要新商品一入库，就可立即为厂商制作最人性化、易操作的商品网页，之后包括商品出库、出货包装和配送，ZOZOTOWN都可以完全包办。也就是说，服饰厂商只要负责把商品入库，之后的电商流程，ZOZOTOWN都可以帮你一手搞定，因此许多人气品牌也乐意与之合作，减轻品牌自身在电商运营上的人力、物力投入（图2.4）。

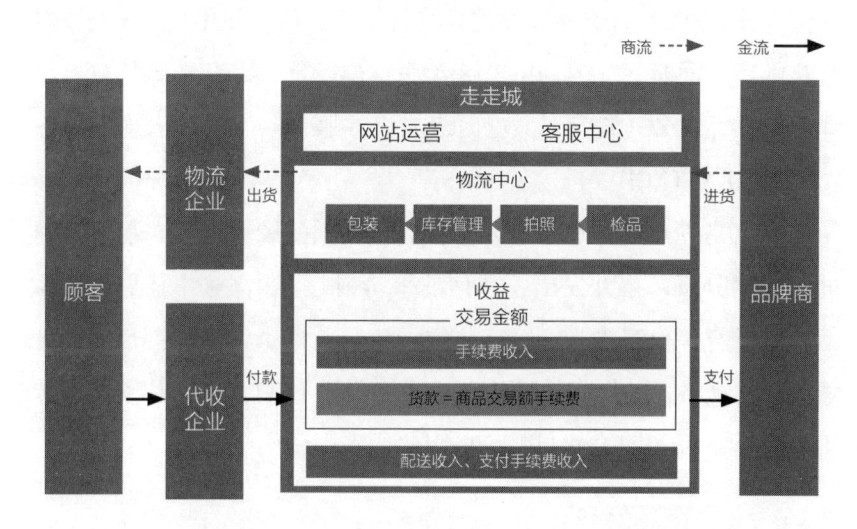

资料来源：https://corp.zozo.com/en/ir-info/management-policy/business-model/

图2.4　ZOZOTOWN的商业模式示意图

积累庞大的消费人群之后，ZOZOTOWN在2017年11月跨入"量身定做"基本款服饰的制造生产，正式从虚拟渠道走入实体生产领域，在日本引起很激烈的话题讨论。它的自有品牌（PB，Private Label）取名为ZOZO，日文读音与"想象"和"创造"相似，顾客只要穿上ZOZO特制的量身衣（ZOZOSUIT）并下载App，用手机拍摄照片后上传，公司即可取得顾客的尺寸数据，以量身定做、定制化的方式生产专属于顾客的合身西服。

ZOZO定制化西服推出后在服装市场造成大轰动，订单不断涌入。在《日经MJ》2018年度热门商品回顾中，ZOZOSUIT获得服装商品的"横纲"（首奖），并得到该年度的最优秀奖。不过，由于ZOZO没有服装生产经验，原本是委托中国及越南厂商制造，没想到因订单众多、供不应求，原定2周内交货，却拖延至2个月，造成大量的顾客投诉。

为此，ZOZO在日本千叶建立自有生产工厂，强化生产体制，以改善供货。同时，ZOZO在2018年底推出功能性、基本款的自有品牌发热衣（ZOZOHEAT），正面迎战实体服饰店大哥优衣库的发热衣品牌HEATTECH。

不仅是发热衣，通过ZOZOSUIT收集到的顾客身形、尺寸，通过大数据分析，再开发出一系列的平价衬衫、T恤、牛仔裤。顾客不需要量身，仅需输入身高、体重、年龄、性别，系统会自动计算最适合的规格，其自有品牌的尺寸规格多达1000多种，比一般成衣的L、M、S号更符合身材，价格则比优衣库还低（表2.1）。

表2.1　ZOZOHEAT 和 优衣库发热衣（HEATTECH）

	ZOZOHEAT	HEATTECH
定价	¥990 含税	¥1069 含税
促销价	¥790 含税	¥853 含税
吸湿发热温度	2.9℃	2.5℃
尺寸规格	1000 种以上	8 种

资料来源：ZOZOTOWN官方网站

ZOZO的服装革命三部曲，从买衣服（ZOZOTOWN），到选衣服（WEAR），进入制衣服（ZOZOSUIT），完全颠覆服装业的经营生态。2020年ZOZO自有品牌商品的营收目标是要增长到800亿日元，2021年的愿景则是翻三倍增长到2000亿日元，不仅要在日本上市，更要走入全球市场（图2.5）。

3个革命：
- 服装制作革命 ZOZOSUIT
- 服装选择革命 WEAR
- 服装购买革命 ZOZOTOWN

为了革命成功，必须有足够的资金、技术、发明

3个挑战：
- B2B事业再进化
- 广告事业
- Start today研究所

资料来源：zozo 2018年11月季报

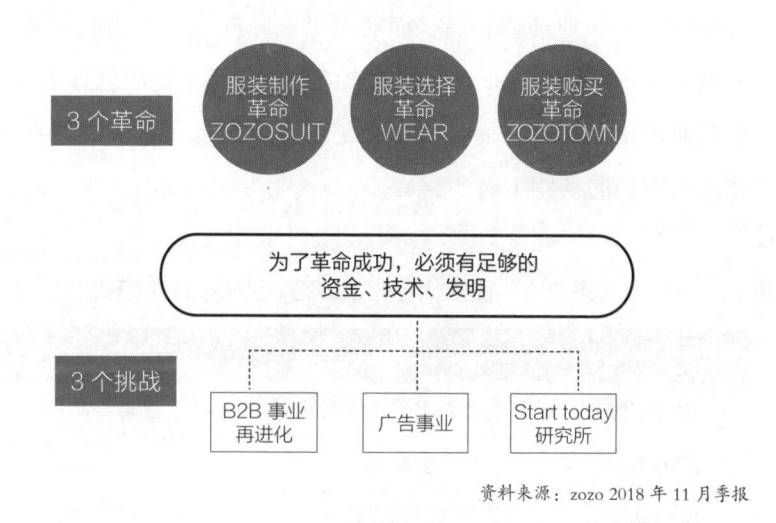

图2.5　ZOZO服装革命三部曲

ZOZO也宣布公司营运未来将转变为以快时尚为主体，进一步挑战10年内公司市值增长5倍至5兆日元。从服装电商平台挑战自有品牌，ZOZO是否能够实现华丽转身？

该公司2019年3月刚刚决算的财报显示，自有品牌的营收因生产问题只能达到30亿日元，还不及年度目标的二成；但投入的庞大开发费用，导致当年度营业利润衰退12%，连带全集团全年纯利目标也将从280亿日元缩水为178亿日元。从媒体发布的最新消息来看，ZOZO想由虚入实，恐怕还有漫漫长路要走！

从业务缺口找"第二只脚"
朝 360 度无缝包围消费者迈进

优衣库和 ZOZO，这两家企业同样在日本服饰业衰退之际仍不受影响，甚至业绩创新高，面对未来也同样选择了自我颠覆，挑战完全不同的领域，这正是企业的永续经营之道。放眼世界各行各业，大凡有高度企图心的企业，都会趁着企业发展正好时力图转型，寻找永续增长的动能（表 2.2）。

表 2.2　优衣库 vs. ZOZOTOWN 商业模式

	优衣库	ZOZOTOWN
企业定位	制造为主的实体渠道	虚拟电商平台
市场布局	全球化	日本国内为主
客户层次	全年龄段	25~35 岁女性为主
服装类型	基本款	时尚为主
转型策略	从线下转向线上 虚实整合	从电商渠道平台 转向实体制造

资料来源：作者汇整

优衣库决定从制造零售业转型为数字消费零售公司，电商销售构成比将从目前的 6%，到未来挑战 30%。ZOZO 则是从电商平台走向自有品牌服饰的制造和零售，大胆挑战 2021 年前自有品牌商品销售达 2000 亿日元、2029 年前市值 5 兆日元的目标。

这印证了在高科技日新月异、消费行为快速变动的时代，过去成功的商业模式，不一定是未来永续发展的保证，转型固然不一定会成功，但只是坐待时机而不行动，必定不会成功，更无法找到未来的增长动力。

找到企业未来的增长动力，可以聚焦，也可以多元，表面上看来这两家企业增长方向不同，但都是从自己的业务缺口中找到"第二只脚"，朝360度无缝包围消费者迈进。所以，优衣库的强项是实体渠道，它要补足的是电商这一块；反之，ZOZO的强项是电商平台，它要挑战的则是实体制造。

从优衣库和ZOZO的发展思考，全家便利商店作为一个食品零售渠道，现在的业务缺口是什么？这其中是否也潜藏了未来的增长动力？此外，若从ZOZO的转型策略来看，虚实整合的范围其实可以更深入，不仅是开设实体店，经营实体渠道而已，更可能是产销合一，直探制造源头，甚至若以消费数据切入制造生产，更能切中顾客需求。

诚如优衣库社长柳井正的名言"一胜九败"，企业唯有不断地挑战创新、从失败中学习、避免犯致命的错误，才能持续成长，在学习成功企业商业模式的同时，更要汲取它们勇于创新、勇于革自己命的文化。

社会人口趋向老龄化、少子化，消费形态也跟着改变，标准化连锁店的商品与空间已不符合顾客的需求。
网络购物兴起，顾客上门的频率越来越低，导致实体店经营者的经营业绩不断下滑萎缩，难以为继。

Part II
节约型消费

单店经营
每个连锁店都有自己的风格

YAOKO 超市（日） VS 唐吉诃德（日）

1988年12月2日，第一家全家便利商店于台北车站商圈开幕。当时我完全没有经营流通企业的经验，衔命接下新事业开发，从此跨入连锁店市场。为了发展连锁店，我大量研究岛内外资料和企业案例，尤其是日本便利商店的经营模式，遵循"标准化、规格化、系统化"的连锁店准则开店。也因此，全家便利商店初期投资就比其他同行大，一开始就采用电子订货系统，并成立全省物流中心将商品配送到各分店。

当时我们的物流中心设在桃园，全家便利商店的连锁店开在台北。台北供货厂商必须将商品送到桃园的物流中心，再由物流中心从桃园送到台北的全家便利商店，此举被许多厂商骂全家是"脑子坏了"。

但我知道，要发展大型连锁店，建立电子订货系统、物流中心是必要的基础建设，虽然初期遇到不少困难及供货厂商的质疑，但也使得全家便利商店后来的发展速度领先其他同行，成立6年（1994年）店数规模就达到192家，损益两平。

发展至今，全家店数已超过3300家，对于"标准化、规格化、系统化"的连锁店开店模式再熟悉不过了。但正是因为熟悉，所以可能陷入停滞的风险；要持续创新，得拿过去的成功来革自己的命，尤其是要革掉过去的成功经验法则。

对于开连锁店经验超过30年的我们，也是如此。颠覆过去"标准化、规格化、系统化"的思考模式，全家十多年来不断尝试开发各种新店型以及发展本地特色店，但像唐吉诃德和YAOKO超市一样，连商品组合都能做到每家店都不同的程度，还有一段努力的距离。

唐吉诃德大概是台湾民众赴日必访店之一。人气之高，使得台湾媒体对它可能来台的新闻特别敏感。唐吉诃德维持连续30年营收、获利不减，其实是经济环境与流通业变迁的缩影；其成功的精髓正是连锁不复制的"个店化经营"。

20 世纪 90 年代初期，日本因地价及股价崩跌造成经济泡沫破裂，陷入经济增长滞缓与物价增长偏低的"失落的 20 年"，由于景况不佳，日本民众大多延迟购买，把现金存起来或留在身边，导致消费萎缩，也连带冲击日本零售流通业的生态。在这波冲击中，首当其冲的是零售批发业。一成不变的零售批发大卖场和强调大容量更便宜的量贩商品，逐渐不获青睐，致使日本大型零售批发集团（General Merchandise Store，简称 GMS）大荣和西友，近年先后惨遭并购。可见对消费者来说，东西不是便宜就好，还要有个性、有品位、CP 值要高。

标准化复制魅力不再
单店经营，造就营收、收益双增长

连锁商店对日本消费者的魅力不再，不啻为流通事业连锁化经营的一大警告！分析原因有二：首先，20 世纪 80 年代的泡沫经济时期，收入水平提高，消费力量也很强大，各种业态的连锁店越开越多，日趋饱和，购物便利性也大幅提升，民众的物质需求大抵已被连锁店充分满足。之后，随着 20 世纪 90 年代初泡沫破裂，日本经济大倒退，进入平成大萧条时期。社会人口趋向老龄化、少子化，消费形态也跟着改变，标准化连锁店的商品与空间已不符合需求，再加上网络购物兴起，顾客上门的频率越来越低，导致实体渠道从业者的经营不断下滑萎缩，难以为继。

台湾地区现也正处于连锁商店饱和、人口老龄化、经济生产较低的时刻，传统上以"标准化、规格化、系统化"大量复制的连锁店观念势必要调整。以日本经验来看，在这失落的 20 年间，反而有部分连锁流通业颠覆标准化复制的成长法则，以"单店化经营"的运作突破竞争压力，发展出不一样的连锁店，成果令人刮目相看。例如，日本 YAOKO 超市及平价商店唐吉诃德正是以"连锁却不复制"的单店经营形态，在低迷的经济景况下，连续 30 年营收、利润双增长，期间就算遭遇全球金融危机、3·11 大地震等种种冲击，营收成绩都一样出色（图 3.1 和图 3.2）。

YAOKO 和唐吉诃德这两家企业的背后，都有个眼光独到、敢于逆流而行的杰出经营者，但是发展的过程、策略选择、商业模式却迥然不同。

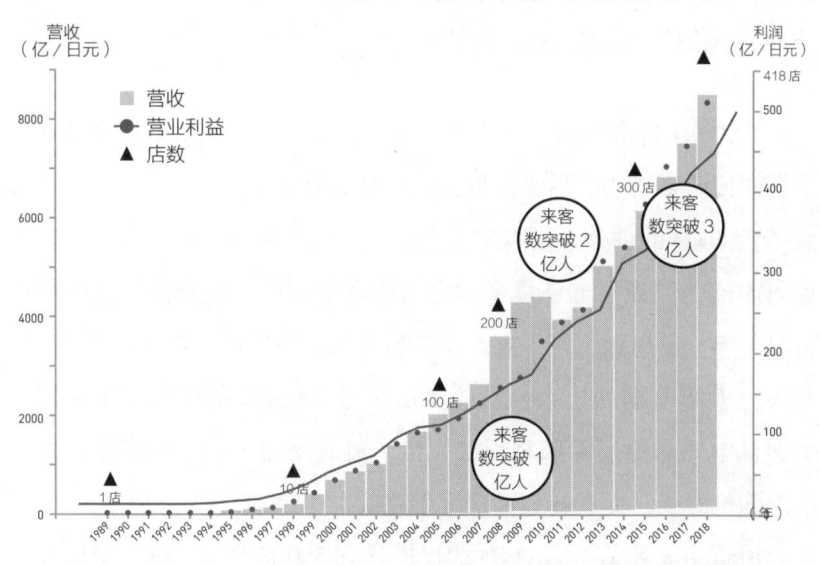

资料来源：东洋经济，2018 年 9 月 10 日 ／唐吉诃德官方网站

图 3.1 唐吉诃德的营收、利润

资料来源：YAOKO 官方网站

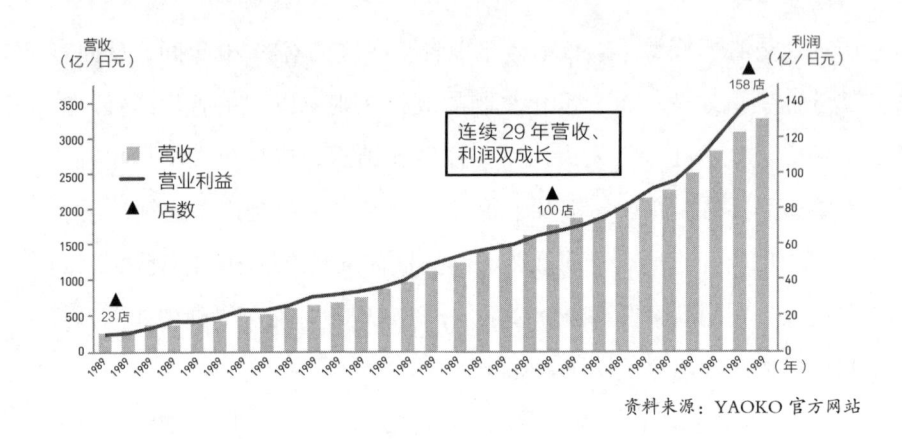

图 3.2　YAOKO 的营收、利润

YAOKO 改善生活方式型超市／日
"地方妈妈"打前锋的特色卖场

　　YAOKO 超市的前身是八百幸商店，成立于 1957 年，原是在埼玉县的传统杂货店，后来发展为地区性连锁超市。

　　YAOKO 的创办人川野幸夫会长，东京大学法律系毕业后，本来想当律师，但为了继承母亲创立的八百幸商店，先到其他连锁超市实习 1 年。没想到，接手家族企业后不久，随即面临经济泡沫破裂、购买力大幅萎缩的压力，当他审慎思考 YAOKO 的中长期策略时，受到日本知名流通专家林周二先生《流通革命》一书的启发，决定不走低价路线，而选择生活提案型路线。

　　川野幸夫评估，YAOKO 的规模只有 500 亿日元，又是地区性超市，无法和四处开店的大型连锁超市竞争，与其追逐低价，不如走改善生活方式型路线，精选合适的商品推荐给所在社区及商圈的顾客。为此，他开始推动"个店化经营"，允许各店之间的差异化和经营弹性，以包括商品吸引力、创意力、人力资源等五大优势，致力于打造和当地社区商圈密切结合的特色化卖场（图 3.3）。

商品吸引力
- 当季生鲜为主打
- 每日现做菜肴
- 自有品牌魅力

创意力
- 商品组合
- 品尝方式、生活创意
- 顾客关怀
- 趣味感的商品展示空间

人力资源
- 连锁店的个店经营
- 全体员工投入经营

供应商关系
- 精选优良产地及供应商
- 与供应商建立长期互惠的合作网络

财务稳健
- 以经营获利筑牢企业根基，稳固财务基础

资料来源：YAOKO 官方网站

图 3.3 YAOKO 集团优势

从小观察母亲与顾客的互动，川野幸夫很清楚，YAOKO 若要真正融入社区，成为价值追求的生活创意型超市，决策和执行流程不是由上而下的精英主导，而是由下而上的"全员主动积极参与"，其中，第一线的现场兼职人员更为关键。她们多半是住在附近的家庭主妇，最了解消费者需要什么，应该让她们多发声。

为了倾听第一线的声音，川野幸夫勤于巡店，每年至少去每家店 5 次。为贯彻执行"全员参与"，他要求无论总部或店铺的员工都要有企划提案的能力，鼓励员工主动提出对饮食主张的想法和问题改善方案。例如，YAOKO会针对不同商圈、不同顾客（如上班族、双职工家庭、高龄者）的需求，在各店的自助餐区提供不一样的餐点口味与组合。这些具有当地口味特色的家常菜，都是由深谙当地饮食习惯的"地方妈妈"所担任的兼职人员开发出来的，再由特别成立的专业团队"烹调支援小组"（Cooking Support Team），协助将菜单商品化，以稳定的质量和最佳口感供应给消费者。这样的生产模式，便形成YAOKO与其他超市最大的差异点。

此外，YAOKO超市在合适的据点，也引入餐饮超市（Grocerant 80）的做法，在卖场内设置顾客可以现点现做的餐厅和座位区，当然餐厅菜单上的食材都可在超市货架上购得，顾客随时能和该店兼职的"地方妈妈"店员交流沟通食材的烹饪方式。

另外，YAOKO也采取类似制造业的品管圈（质量管理小组，Quality Control Circle，简称QCC）制度，让兼职人员能针对工作时发现的问题提出改善方案，并给予执行测试的机会，若测试成功，就推广到其他店铺。不仅如此，YAOKO更是连续14年每个月举办一次全员表扬大会，每一家店都会选出代表参加，加上总部运营人员，听取由兼职员工发表的店铺经营成功案例。这个舞台给予第一线人员很大的鼓励，因为即使是打工的家庭主妇，也有机会被看见、与社长吃饭，甚至免费到美国参访而士气大振。

除了表扬大会，YAOKO还举办音乐会及运动会以凝聚全体员工。现在YAOKO已从川野幸夫接手时的500亿日元规模，成长为年营收超过4000亿日元的改善当地生活方式型超市典范，利润率高达4.2%，是同行业平均利润率2.1%的两倍。

唐吉诃德平价商店／日
各店采购打造不可思议的惊安殿堂

相较 YAOKO 推动"个店化经营"的主角是"地方妈妈",唐吉诃德成功的关键则是各家店年薪可达日本企业主管级的采购负责人。

有"惊安"(日语,便宜得惊人之意)殿堂之称的折扣商店唐吉诃德,是由白手起家的安田隆夫所创办的。他来自关西岐阜乡下,出身贫困,却很有抱负,从庆应大学法学部毕业后,先在不动产公司工作,泡沫经济时期赚了一些钱,后来不动产公司倒闭,他赋闲游荡了几年,1978 年才开始创业,在东京杉并区开设一家过季品杂货店。

这家只有 60 平方米的小店,摆设看似杂乱无章,里面挤满了各式各样的过季品,但营业时间长,直到深夜才打烊。安田隆夫发现,深夜时段大部分商店早已关门,但是来买东西的客人却特别多,可见夜晚商机值得开发。他还发现,一旦有一项商品非常便宜,就可以引来很多顾客,于是他开始刻意把某些商品的价格压得非常低以吸引更多的来客。这家小店就这样做出一年 2 亿日元的业绩,这种经营模式也成为后来唐吉诃德的原型。

1980 年唐吉诃德株式会社正式成立,1989 第一号店成立,从此展开连锁之路。早期唐吉诃德以销售价低的糖果、饼干等食品、药品、服饰及各式杂货为主,直到 2007 年收购经营生鲜超市的长崎屋,后来又在夏威夷并购大荣集团旗下的 MARUKAI 超市,引进不少生鲜人才与技术,卖场开始增加了生鲜品种,逐步朝大型综合日用品、食品商场的折扣商店发展。

唐吉诃德除了在日本开店,先后进军夏威夷、新加坡、泰国,目前全球店数超过 350 家,其中包括 Pure 原始店型、MEGA 综合大卖场以及 New MEGA 小型都会店等多种店型，2018 年营收已超过 1 兆日元，预估到 2020 年店数要达到 500 家。唐吉诃德的营收和获利之所以能连续增长 30 年，并且持续快速扩张，日本知名企业顾问大前研一将之归因于四个关键要素：

1. 平价折扣商店，营业到深夜，在观光客多的热闹商圈 24 小时营业，晚上 8 到 12 点的营收占比非常高。

2. 集中在大都市开店，并在观光客多的都会商圈门市把精品免税品的销售比重提高到 30%~60%，远高于一般商店免税品平均销售占比的 6%。

3. 以并购导入欠缺的生鲜人才及技术诀窍，发展有生鲜商品的 MEGA 大型综合卖场和 New MEGA 小型都会店。

4. 对非热点食品进行重点关注，并开始在郊区开店，以吸引家庭主妇和家庭客源。同时在都会区开设小型店，吸引单身族和年轻夫妻。

表面上看起来，唐吉诃德像是个塞满商品的"大杂烩"商场，实际上，安田隆夫的经营理念是，唐吉诃德不是单纯卖东西，而是"时间消费型"的商店，信奉"顾客最优先主义"。所以，各店店长和采购可以充分自主发挥，让卖场商品与空间有更精彩的演出，目的就是要给消费者便利（ConVenient）、便宜（Discount）、充满乐趣（Amusement）的购物体验，唐吉诃德把这样的体验价值简称为 CVD+A。

唐吉诃德不仅店型多样化，甚至是店店不同，而且商品种类繁杂得让人难以想象。消费者可以在一家店内同时买到卫生纸、牛奶和 LV 包、劳力士手表！而且每家店、每件商品的折扣都不一样。

让消费者心跳加速的价格与商品组合、地板到天花板填得满满的压缩陈列、形形色色的手写促销海报，以及"只此一家"的低价亮点（SPOT）商品，每家店都有自己独一无二的魅力。也因此，消费者愿意再三光顾，不厌其烦地在每家店的每个角落寻宝，这就是安田隆夫所谓的"时间消费型"商店的魅力。

个人能力为主导
总部以矩阵型组织管理架构支撑

为了做到每家店都带给消费者便利（ConVenient）、便宜（Discount）、充满乐趣（Amusement）又独一无二的购物体验，唐吉诃德把"个店化经营"做得比YAOKO更为彻底；这些店店精采、大异奇趣的商品并非像一般连锁店由总部统一决定，而是授权各店。大凡商品陈列的方式、进货品项、促销价格以及海报，都充分授权让各店自行决定、执行。

每家店的海报，甚至有专人制作，单店可随时调整价格，张贴新的手写海报，推出限时特卖活动。店内7个商品群，分别由7位采购负责人负责单店的商品采购及定价。卖场中还设有一个专属于店长的自由空间（Free Space），店长可以决定要卖什么东西及售价多少，并且可视周边竞争店的状况，随时调整价格。

正因为如此，唐吉诃德的薪酬制度以个人能力为主要基础。店长负责店内的人事薪资与人力管理调度。每家店的业绩与员工个人的绩效表现、薪资相互联动，只要达成业绩目标，每半年涨薪一次，表现不佳者则会被减薪。以2017年来说，有68%的员工薪水调高，有些采购负责人的年薪甚至高达1000万日元以上，相当于日本企业主管级的薪资水平！

商品组合由各店自主决定，从传统的连锁经营来看，总部似乎难以驾驭，但唐吉诃德总部却有一套严密的组织架构和管理体制。依照营业规模与商品组合的矩阵型组织管理架构，按不同店型、地域设有6个营业本部，其下再分区设立58个分所，分别管理超过350家不同店型的卖场。

　　唐吉诃德的矩阵型组织管理架构，是以"营业组织矩阵"对应"商品采购组织架构"，总部也设有商品采购和自有商品开发本部，提供160多种品群。各地区卖场会依据商圈特色组合这些商品，总部提供的商品品项数约占店内总品项数的六成，其余四成则由单店采购和店长自行导入。6个营业本部与58个地方分所严密衔接、层层管控，并将所有商品的进、销、存全都串联起来，如此总部才能掌控"乱中有序"的个店经营模式（图3.4）。

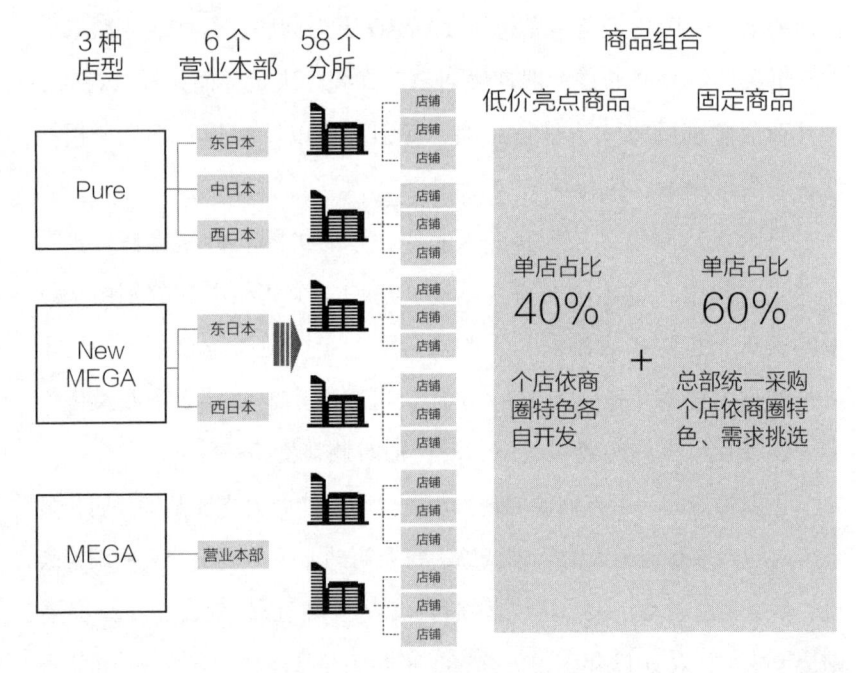

资料来源：唐吉诃德官方网站，2017年10年1日

图3.4　唐吉诃德的营业与商品的矩阵组织架构

商品结构比一比

VS　**YAOKO 超市 / 以自有品牌吸客**
　　　唐吉诃德 / 以亮点商品吸客

虽然 YAOKO 和唐吉诃德都强调个店经营，但因为前者属于超市业态，后者属于折扣店，不论是店铺运营、商品管理、展店策略与物流等商业模式都明显不同。

从商品结构分析，YAOKO 融合综合大卖场（GMS）与高级超市的双重特色，高低端商品都有。在采购流程上，一般商品由总部采购，通过物流中心进货到各店，至于生鲜、熟食及地方特色产品等差异化自有商品，则强调个店主义，把权力下放，由各店店长斟酌裁量。自有商品虽然毛利低，但可为 YAOKO 带来稳定来客量；高质量的生鲜及具地方特色的熟食组合，则可创造良好口碑与高毛利。YAOKO 运用三大方针强化个店的商品竞争力和差异性：

1. 不采用同业惯用的档期促销模式，而是通过市场价格调查，以每日最低价（Everyday Low Price，简称 EDLP），开发自有品牌商品（多半是食品与日用品），吸引对价格敏感度强的顾客。

2. 强打当地产、当地销的生鲜蔬果，而且运用色彩管理手法加强陈列效果，以吸引注重质量与当地口味的消费者。店内美食区的多样菜色，强调符合该商圈特色，各店不尽相同。

3. 根据商圈消费特性设立对应商品专区，例如高级住宅区就特别设置高档红酒专卖区。

至于唐吉诃德，每家店的商品组合非常多元，从服饰、家电、

Part II　节约型消费　45

家具、寝具、杂货、食品、运动器材到美容及健康食品等，应有尽有，一家店商品数约 4.5 万个，而且经常变换，让顾客永远逛不腻。

基本上，唐吉诃德每家店有 60% 的固定商品，是由总部统一采购，各区域依地区需求来挑选商品，组成区域性的"商圈台账"（符合商圈特色和需求的商品组合）；另有 40% 的亮点商品（SPOT）是由各店自行采购，尽量以现金进货，把成本、售价压到最低，形成"人无我有"的优势，除了借此吸引来客与人潮，也可创造单店的差异化。

有时单店亮点商品的售价甚至可以低到 100 日元，让人不禁怀疑它的利润从何而来。其实，唐吉诃德的策略是利用低价、回转快但毛利低的食品来吸引顾客，主要获利来源却是毛利高的非食品。有些单店甚至会导入限时、限量的亮点商品，虽然是超低售价，但毛利率却高达 50%，而且往往能吸引顾客争相抢购，创下可观销量。

另外，唐吉诃德也开发售价较低的"自有品牌"商品，例如相同质量的一条浴巾，冠上唐吉诃德的自有品牌后，售价是 398 日元，毛利率高达 30%，若是以全国性品牌商品销售，售价可能高了一倍，拉高为 698 日元，毛利率却只有 3%（表 3.1）。

表 3.1 唐吉诃德的毛利率组合 *

商品类型	售价（日元）	毛利率	备注
全国性品牌	698	3%	总部统一采购
自有品牌	398	30%	自行开发商品
单店 SPOT 商品	100	50%	现款交易

*本表以浴巾为例

资料来源：作者汇整

可见，以销售组合（Sale-mix）吸引来客，并利用商品毛利组合（Margin-mix）确保毛利率，正是唐吉诃德得以维持 30 年营收和利益双增长的关键。当然，如何压低相同商品的成本、售价，拉高毛利率，对各店采购的功力和专业是莫大的考验，这也是为什么唐吉诃德强调以个人能力定薪的薪酬制度。

开店策略比一比

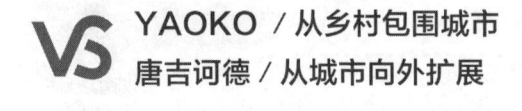

VS　YAOKO／从乡村包围城市
　　　唐吉诃德／从城市向外扩展

经过 20 多年的持续成长，面对电子商务及人口老龄化的冲击，YAOKO 和唐吉诃德也都适时调整了开店策略，并展开虚实结合，建立新的系统架构。以 YAOKO 来说，2013 年川野幸夫把会长的接力棒交给儿子川野澄人，一向在埼玉、千叶一带开店的 YAOKO，也开始从外围往东京都内推进，并以百多平方米左右的小型店作为前锋，积极迎战都市中心区的大型超市，目前已在东京都内开出 2 家小型店。

YAOKO 新形态的小型都市中心店可谓"个店经营"的进化版，包括生鲜采购都强调个店特色。以东京都的成城店来说，设有两名专任生鲜采购，一早分头到专业市场挑货，中午前卖场就会陈列出刚从筑地市场采买回来的新鲜水产，以及从大田市场挑好的蔬菜、水果，这些本地的新鲜农渔产品除了供应给成城店以外，也会进货到中央物流，小量出货到这些小型都市中心店，由各店店长自行决定如何陈列和销售这些产品（图 3.5）。

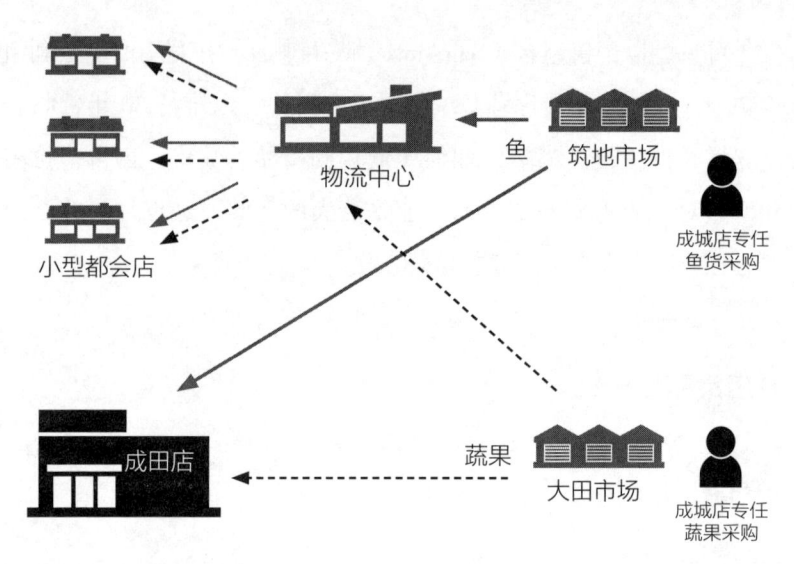

资料来源：日经 MJ，2018 年 4 月 20 日

图 3.5　YAOKO 单店经营的采购与物流配套（以东京成城店的体制为例）

　　除了当天采购的生鲜、现场调理的熟食是 YAOKO 差异化的利器，川野澄人也开始推动 YAOKO 网络超市、引进 IT 技术测试无人科技店，并根据人口老龄化、人才难求的趋势，在订购、货架管理方面加强科技化管理，以减少劳务。

　　相较于从乡村包围城市的 YAOKO，传贤不传子的唐吉诃德，安田隆夫于 2015 年交棒给曾是一号店店员的大原孝治接任执行长，自己则担任创会会长兼最高顾问。大原孝治秉持唐吉诃德个店经营、充分授权、顾客优先的理念，从都市向外拓展，积极推动多店型策略，让唐吉诃德遍地开花。其中，以配有生鲜商品的 MEGA 大型店吸引主妇与家庭客户，另以较小型的 New MEGA 都会店锁定单身族和年轻夫妻。唐吉诃德以生鲜加强型卖场为主力的开店策略奏效，食品销售比重由二成增加到三成以上。

　　为了快速扩张，达到 2020 年 500 家店的目标，唐吉诃德以并购、投资的开店策略双管齐下，把触角伸得更广。2017年11月，唐吉诃德取得日本全家控股旗下大型量贩子公司UNY 40%的股权，将UNY 6家店改造成与唐吉诃德双品牌复合的大型超市，营收绩效相当亮眼，还不到1年，营收就比前一年增长了一倍。

由于改造店绩效超越预期，为了强化双方的策略联盟，2019年1月，日本全家控股将UNY 100%的股权交给唐吉诃德。本来，日本全家控股是预计通过市场公开收购（T.O.B, Take-over Bid）取得唐吉诃德20%的股权，因股价大幅变动等市场因素而未能达成，但未来日本全家控股持有唐吉诃德股权的方针并未改变。2019年2月，唐吉诃德将公司名称唐吉诃德控股公司（Don Quijote Holdings）改为泛太平洋股份公司（Pan Pacific International Holdings），预期双方在全球化战略中将有许多合作的可能。此外，看好2020年东京奥运会的磁吸力量，瞄准观光客的免税品也是增加比重的商品种类，早期唐吉诃德的免税品销售占比仅4%，现已提高为6%。

唐吉诃德同时锁定购买力庞大的"海外旅客"加强促销，2017年4月先针对中国（包括香港地区、台湾地区）、韩国和部分东南亚地区，推出"消费免8%税金"的海外商品寄送服务。2018年5月更进一步推出限时3天的"国际免运费"活动，只要输入通关密码，就能享受"不限金额、不限重量"的免运费网站优惠。这个消息曝光后，网站立刻被挤爆，许多在线商品被一扫而光。由此可见，唐吉诃德不仅经营实体店十分有弹性，经营线上销售也懂得出奇制胜。

追求成长与扩大
也勿忘重视现场与商圈差异的初衷

YAOKO和唐吉诃德以消费者与商圈需求为中心，打造个店特色的经营故事，颠覆了连锁业制式化、标准化的概念，它们的成功证实连锁店经营形态的确有很大的创新突破空间。在台湾地区，我们也开始看到个店经营的趋势，包括全家便利商店在内，不少连锁品牌都在尝试开发各种新店型以及发展本地特色店，但像 YAOKO 和唐吉诃德一样，连商品组合都能做到"个店差异化"的例子，则还未见。

个店化经营比起标准化模块的大量复制要难上许多，YAOKO 和唐吉诃德的做法，即使日本企业也难以效法，除了经营者坚持推动这样的理念之外，最主要的原因是个店经营必须有适当的配套，其中包括组织文化、能力主义的人事薪资制度、第一线人员的培养与激励等。尤其通常企业发展到大型化之后，组织很容易流于官僚化，过去的成功经验往往成为创新突破的绊脚石，所以，唯有让组织文化不断革新，避免僵化，才能激发第一线人员的活力创新及参与提案的士气。为了鼓励改革提案，必须像 YAOKO 一样提供专业人才或技术团队现场支援，让提案可行化。

在经营层面上，个店经营最重要的课题与挑战是，总部如何掌握各店信息，明确划分与各地门市现场的分工，避免充分授权最后变成各自为政的混乱倾轧？唐吉诃德是以矩阵式营业组织，串联各店庞杂的资料，做到"乱中有序"的管理，但我相信，其中的管理精髓是随着时间累积出来的。所幸，现在连锁业总部可以善用 IT 技术，强化大数据分析，提供完整细密的信息给分店，让第一线人员更有机会展开个店化经营。即使无法完全复制唐吉诃德和 YAOKO 的成功，至少可以学习其个店经营中重视单店需求与商圈需求差异化的精神，那才是这两个商业模式的核心（表 3.2）。

表 3.2　YAOKO 和唐吉诃德商业模式比较表

	YAOKO／超市	唐吉诃德／折扣商店
店铺运营	1. 全员参与提案 2. 烹调支援小组（Cooking Support Team） 3. 结合食材现点现做的餐厅服务	1. 店铺运营授权个人 2. 单店采购专员，负责单店商品组合 3. 时间消费型卖场陈列策略
商品组合	1. 店产店销熟食＋地产地销生鲜 2. 以每日最低价自有商品满足价格敏感度 3. 商圈个性化对应的商品（ex 葡萄酒）	1. 全店固定产品＋单店亮点商品，打造兼具高毛利率商品和促销价的商品组合 2. CVD+A（便利／便宜／乐趣）
开店策略	1. 从乡下包围城市 2. 地区密集开店	1. 从都市开始开店 2. 多店型遍地开花
基础建设	自有物流	物流外包

资料来源：作者汇整

Part II　节约型消费

分享经济
二手交易的创新变革

mercari（日） VS 雅虎拍卖（日）

"以物易物"是人类最早的交易形态，也是商品或服务流通的开始，例如以一只鸡换一把石斧。进入网络化、社群化的时代，以分享、交换闲置资源来满足自己的需要，有了创新的做法和形式，例如分享"空间"的爱彼迎、分享"移动"的优步，各种"分享经济"的新商业模式创造出庞大的商机与价值。

我长期观察日本市场，日本公司善于将经营管理的知识系统化，但也因此较为缺乏跳出体制的新创公司。2018 年在东京证券交易所挂牌的 mercari 则是日本公司中的异类，它被视为日本少有的网络服务公司独角兽，挂牌时更是创下东京证券交易所新创公司的市值纪录。

mercari 经营的是古老行当跳蚤市场（Flea Market），但是它开发的 App 却是日本少女们的"最爱"！它的崛起颠覆了日本中古物品交易的游戏规则，并在二手网拍及实体二手市场掀起滔天巨浪，更让遥遥领先的日本雅虎拍卖（YAHOO!）等大型网站面临前所未有的压力。

二手物品交易不是新行业，却因为新创商业模式的出现，增长动能持续扩大。以日本为例，近 10 年中古物交易的二手市场不断增长；从 2009 年起连年上升，2016 年已达到 1.9 兆日元的规模，估计到 2020 年将会超过 2 兆日元。

二手市场与快时尚
抓准年轻世代喜新厌旧、炫耀式的消费形态

我个人观察二手市场的增长势头，与快时尚的增长曲线颇为相似，研判应与年轻世代喜新厌旧、炫耀式的消费形态有关。对于年轻人来说，买东西是追求潮流，所以只在乎曾经拥有，不在乎天长地久，而且只有把旧的卖出，才有钱再买新的。在这种消费行为的循环滚动下，二手物品的流通市场也越来越热。从日本二手市场规模的结构来看，目前二手物品实体店铺（53%）和网络二手物品买卖（47%）分庭抗礼；网络二手物品买卖则包含网络购物、拍卖网站及二手交易 App 三大类。

兴起仅五年的 C2C 二手交易 App，2016 年交易金额已超过 3000 亿日元，占整体二手市场的 16%，规模仅次于历史悠久的拍卖网站（占整体二手市场的 18%）（图 4.1）。成长速度之快，令人咋舌，

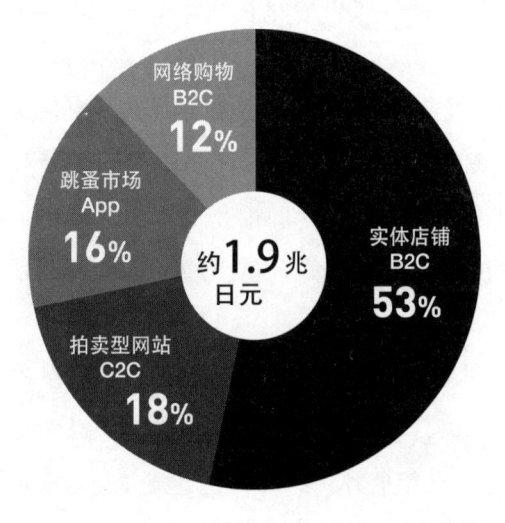

网络购物 B2C 12%
跳蚤市场 App 16%
约 1.9 兆日元
实体店铺 B2C 53%
拍卖型网站 C2C 18%

资料来源：日本经济产业省电子商务市场调查

图 4.1　日本 2016 年二手市场规模

也反映出网络二手交易的行为及商业模式快速改变，正在上演一场世代革命。根据《日经 MJ》新闻 2017 年报道，日本旅行公社 JTB 综合研究所针对 18~28 岁千禧世代所做的"偏好使用的新服务"调查结果中，第一名竟然就是二手交易 App，甚至遥遥领先停车位预约、优步、爱彼迎等其他热门的分享服务 App：其中 18~21 岁的年

轻族群，更是对二手交易 App 爱不释手，使用率高达八成。

调查显示，年轻世代之所以对二手交易 App 情有独钟，主要是因为他们认为："把东西直接丢掉很可惜，卖掉多少可赚点儿零用钱""可以用很便宜的价格买到想要的东西，而且还有寻宝的乐趣""可以找到一般店里少见的东西等"。也就是说，二手交易 App 对年轻世代而言，不仅是购物渠道，更是一种寻宝、挖宝、比价的体验乐趣。

年轻人热衷通过手机 App 买卖二手物品，对于日本实体二手市场冲击颇大，最明显的例子就是以二手书店起家的上市公司新古书店（Bookoff）已连续两年亏损。可见，直接到店交易，固然有直接议价、马上换得现金的好处，但实体二手商店开得再多，也不如人人皆有、随身携带、随时操作的手机方便、容易、实时。

这股"实消虚长"的态势，连在日本长期独领风骚的雅虎拍卖也不敢轻视。自 1998 年起，由跨国网络公司雅虎提供的拍卖服务，初期采取"免费"策略，吸引了许多凯蒂猫、迪斯尼米奇老鼠的收集爱好者，成为雅虎拍卖的忠实支持者。2001 年日本雅虎拍卖开始实行收费制度，每月会费 280 日元，每件拍卖品另收取 100 日元手续费，并需确认拍卖者身份的真实性。尽管如此，雅虎拍卖的用户依然大幅增长至 220 万人，而且连续多年增长率高达 60%，逼得竞争对手 eBay 不得不退出日本市场。

然而，在日本称霸二手交易市场超过 20 年，平均年交易金额达 9000 亿日元，流通的商品数高达 5100 万件的雅虎拍卖，为何如此忌惮 2013 年才成立的 mercari？

若论交易金额，日本雅虎拍卖是 mercari 的 7 倍，流通物品数量是 mercari 的 50 倍。但若是论增长势头，仅是 2016 一年，mercari 的交易金额就增长了 3 倍之多，雅虎拍卖却只增长了 6%；在使用人数上，

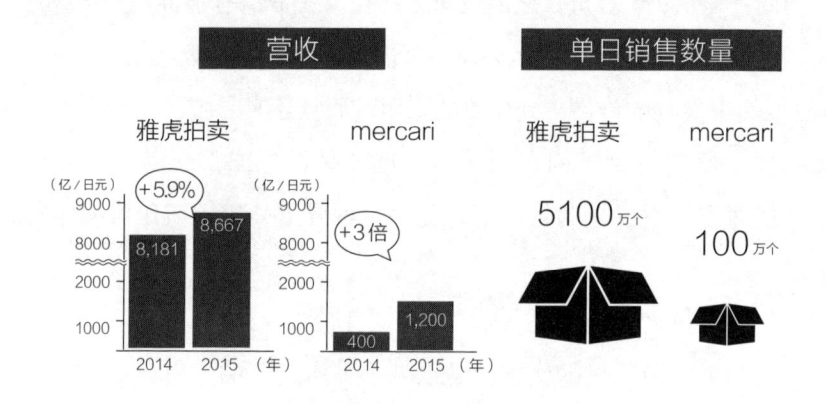

mercari 单年度就增长了 77.9%，而雅虎拍卖却只增长了 1.7%（图 4.2）。

营收

雅虎拍卖：+5.9%，2014 年 8,181 亿日元，2015 年 8,667 亿日元
mercari：+3 倍，2014 年 400 亿日元，2015 年 1,200 亿日元

单日销售数量

雅虎拍卖：5100 万个
mercari：100 万个

使用者数量

雅虎拍卖：App base 55%，1717 万人，年增 1.7%
mercari：App base 95%，1082 万人，年增 77.9%

资料来源：日本经济新闻，2016 年 12 月 19 日

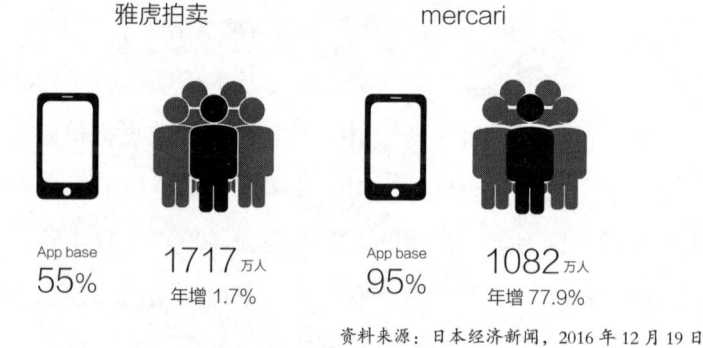

图 4.2　mercari 和雅虎拍卖实力比一比

眼看 mercari 来势汹汹，日本雅虎拍卖在 2017 年正式宣布在既有网站增辟类似的 C2C 跳蚤市场功能，并祭出免手续费的优惠方案反扑，甚至和实体二手商店的龙头 Bookoff 联手合作，希望通过 O2O 的策略联盟，再次扩大商品数和使用者。

原本日本雅虎拍卖认为凭借自身庞大的会员数、免手续费的诱因，加上强强联合，应该可以轻松打败 mercari，结果却不如预期。

事实上在此期间，乐天拍卖也并购了 Fablic 公司的 Frill App，意图瓜分成长快速的二手交易 App 市场，结果却在 2018 年 4 月黯然熄灯。究竟 mercari 是家什么样的公司？日本雅虎拍卖和乐天拍卖两只大鲸鱼，为何撼动不了这只小虾米在年轻人心目中的地位？

市场定位比一比

VS　mercari／少女用的手机 App
　　雅虎拍卖／大叔用的 PC 版网拍

日本雅虎拍卖和 mercari 的手机 App 虽然都是 C2C 的二手物品交易，其中流通销售的物品，也是以衣服、包包和玩具、电玩为主的大宗商品，但由于日本雅虎拍卖的历史悠久，目前使用者多半是 30~50 岁的男性，而 mercari 手机 App 的主力客层则是 10~30 岁的女性，两者主力使用者俨然就是大叔和少女的对决，因此日本雅虎拍卖是以嗜好收藏品如公仔等为热门品项，而 mercari 手机 App 则是饰品、手表类的交易特别突出（图 4.3）。

拍卖网站	跳蚤市场 App
1　40 岁左右男性　流行名品	1　青少女　流行名品
2　50 岁左右男性　玩具、游戏	2　20 岁左右女性　饰品、手表
3　30 岁左右男性　嗜好品	3　30 岁左右女性　玩具、游戏

资料来源：日本经济新闻，2016 年 12 月 19 日

图 4.3　拍卖网站和跳蚤市场 App 使用人群及商品偏好

当然，不同人群的使用习惯也很不一样，日本雅虎拍卖是以个人计算机（PC）为主体设计出来的平台，新推出"跳蚤市场"服务时，仅在拍卖网首页辟出一个子频道，以小小的标签和文字显示让使用者点选切换，后来虽推出跳蚤市场 App，但 App 使用者仅占会员数的 50%。

此外，日本雅虎拍卖 App 并未扬弃以计算机界面为主的旧思维，以及 B2C 为主的旧商业模式，卖方夹杂了大型店家和个人卖家，销售的物品品种又多又广，搜索起来反而费事，价格也不见得便宜，因此，即使有免年费的诱因，也难以唤起年轻人的使用意愿。反之，mercari 的主力使用人群是网络原生世代的年轻女性，95% 的使用者是利用手机 App 上网。所以 mercari 一开始就以手机界面设计，推出好用、简单的二手交易 App。

在卖家选择上，mercari 手机 App 刻意排除旧货商和转卖商，完全锁定个人卖家的 C2C 交易，在商品上架的设计流程，就是简单、快速、好上手。使用者只需用手机完成"拍照""描述物品状况细节""定价""决定寄送方式"四个步骤，就可快速将商品上架。不论是买或卖，都只需要一个账号 ID。例如，App 里要求卖家第一个步骤是以手机、用自然光呈现商品原貌，但照片要包括完整的商品，并忠实呈现有瑕疵或脏污的地方；第二个步骤是在描述商品细节时，标题中要写清楚商品名称、品牌名称、尺寸，内文中则可分享对商品的喜爱及转让分享的心境；第三个步骤是决定售价，mercari App 的卖家不用设定底价来竞标，直接决定价格即可，如此可加快成交速度；第四个步骤是决定寄送物品的方式。

简单的四个步骤完成后，商品就可以上架。通常，卖不卖得出去，24 小时内就能见真章。如果商品卖不出去，mercari App 也不像以往的网络拍卖那样提供"自动重新上架"功能，而是希望卖家重新修改自己的定价或照片再上架销售，以提高成交概率。

再以定价方式来看，以往雅虎拍卖或是其他拍卖网站，多半是由竞标结果决定，交易时间快则半天，慢则 1 周，但 mercari 的定价是由卖家说了算，1 天之内就确定能否成交，对急于变现的卖家、随时想寻宝的买家来说，当然会选择 mercari。也因此，短短 5 年 mercari 在日本国内的 App 下载数高达 5000 万次，每月交易金额超过 100 亿日元（表 4.1）。

表 4.1 mercari 和雅虎拍卖商业模式比较表

	mercari	雅虎拍卖
界面	手机为主	电脑为主
获利来源	卖方手续费 （成交金额的 10%）	卖方手续费 （成交金额的 8.94%）
买卖方属性	小卖家 多为跳蚤市场之同好	大小卖家皆有
成交速度	快速 四个步骤上架， 上架后即可能成交	一般 须待 12 小时~7 日的竞标期结束后方可成交
信任机制	1. 第三方支付，保障买卖双方交易 2. 卖家个人资质条形码化 3. 假货稽核小组	通过会员评价分数

资料来源：作者汇整

mercari 四大成功关键
赢者全拿、极简界面、个人资质条形码化、持续优化

mercari 之所以能成功，是在成熟的二手市场中找到手机上网的

新利基，并且以网络原生顾客导向的彻底实践站稳脚步。

从发展策略上来看，第一个成功关键是，mercari成立初期投入大量电视广告，快速提高知名度，并以免手续费吸引卖家使用，创造群聚效益，达到"赢者全拿"的目的。

第二个成功关键则是，"极简化"的使用界面，以及强化买卖双方之间的双向沟通功能，让买卖双方可以通过实时通信沟通、讨论、议价，加速交易效率。

第三个成功关键是，它把卖家个人资质条形码化，这项措施除了保护卖家的个人隐私，提高安全感以外，也大幅提高了物流效率。mercari目前在日本是与黑猫宅急便合作，在美国mercari则与美国邮政合作，买卖一旦成交，平台就会发给卖家一组条形码，只要印出来贴在包裹上即可寄交。

第四个成功关键是，站在使用者的角度持续优化，例如推出mercari now的当铺功能，让需要快速成交、换现金的卖家，可直接把东西先卖给mercari，再由mercari上架卖出。不可避免地，mercari也面临包含贩卖赃物、收款却未出货等拍卖平台电商常见的问题，为了杜绝消费者买到瑕疵品或赃货，它雇用了300多人在网站上巡逻稽核，找出并排除不良卖家，降低交易风险。

mercari持续优化功能与客服，与其创办人山田进太郎的经历有关。山田进太郎1977年出生，早稻田大学毕业，早年曾在日本乐天任职，之后创立UNOH电玩公司（2010年卖出），对于以智能型手机使用者为主的手游市场有深刻而敏锐的观察，所以在2013年创立mercari时就确立以手机为界面，设计出一个有形物品或无形服务的分享交换平台。

与其说mercari是一个二手交易App，不如说它是一个闲置资源（包含有形物品或无形服务）的交易平台，未来将以此建构出一个分享经济的生态圈。因此除了以"物品交易"为主的 mercari 以外，还有以"生活服务交换"为主的 App。未来 mercari 也会再细分为二手书籍 DVD、二手精品等不同物品的交易平台，"生活服务"也会区分为语言交换、共享单车等，中间的交集则是共通的 ID 账号、评价和支付系统（图 4.4）。不过以"生活服务"交换为主的相关 App 推出后，发展并不如预期，mercari 正重新检视它的发展策略。

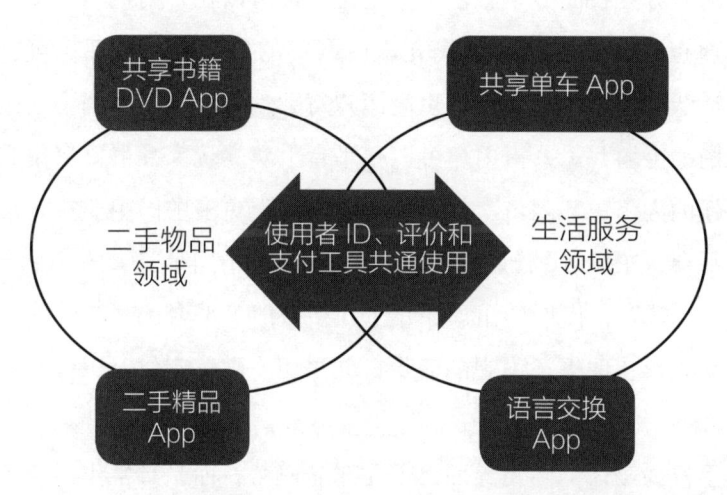

```
         共享书籍                    共享单车 App
         DVD App

                使用者 ID、评价和
    二手物品    支付工具共通使用    生活服务
     领域                              领域

         二手精品                      语言交换
           App                           App
```

· 物品、生活服务领域基础服务扩大
· 分享经济的领域中进行 C2C 新服务的开发

资料来源：东洋经济，2017 年 9 月 23 日

图 4.4　mercari 勾勒未来物品与服务的分享经济圈

分享经济到中国

"闲鱼"快速窜起，"转转"奋起直追

这股分享经济的浪潮不只席卷日本，现在也流向中国大陆，二手交易 App 已成为中国电商巨头一较高下的决胜战场。例如阿里巴

Part II　节约型消费　61

巴集团继淘宝、天猫之后，于 2015 年成立的第三个平台，就是把淘宝网上的"淘宝二手"功能升级为专营闲置生活服务交易及二手物品拍卖的"闲鱼"。2016 年，它就成为中国最大的 C2C 拍卖平台。如今，"闲鱼"已有超过 2 亿用户，1600 万活跃卖家，合作拍卖单位多达 3 万多家，每月成交拍品多达 100 万件。

"闲鱼"强调自己不是电商，而是"分享经济下的社区"，但凡生活服务、技能分享、住房服务等，都可以在"闲鱼"上交流转让。这正符合了中国新世代九〇后网民的价值观与生活态度，其用户活跃度超过四成，许多重度用户每天都会花很多时间逛"闲鱼"、挖"鱼塘"（系指用户可以在平台上建立玩家社群，聚集有共同兴趣的人），"闲鱼"的飞速成长，吸引更多中国企业投入二手交易平台。2017 年腾讯集团以 2 亿美元入股中国第二大的二手交易 App"转转"，借助腾讯旗下的 QQ 和微信等平台，"转转"打通了社交入口，取得了可观的流量，并采用"微信支付"担保交易安全。

以手机为载体的随身界面已不是未来趋势，而是日常生活，再加上台湾地区在居民可支配收入无法大幅成长的情况下，和日本二手交易平台的崛起背景颇为相似，千禧世代的消费价值观也逐渐从"拥有"转向"使用"。

人口结构老龄化，生活形态快速改变，加上科技不断推陈出新，流通业正面临前所未有的冲击，经营形态势必要持续创新。然而，创新并非改变空间、规模、商品结构或引入人工智能而已，能否回到企业经营的本质、设定目标顾客、找出符合其生活消费形态、并与主流经营形态区隔的新商业模式，才是流通业的最大考验，也是未来能否存活的关键。

赋予传统跳蚤市场全新的经营模式，是 mercari 的成功之道，但这样的创新DNA不是只能发生在电商产业，对传统产业、零售业也是一种启发。例如，与全家合作的金色三麦啤酒，它在土洋品牌众多、竞争激烈、发展成熟的啤酒市场里，以"现酿"为诉求异军突起，快速成长。可见在一片红海中，只要找到新利基，依然可以开拓出自己的蓝海。

铜板经济
以单一价创造差异化

大创百货 ⓐ VS DOLLAR TREE ⓐ

DOLLAR GENERAL ⓐ

在市场学里，"价格"一直是非常重要的关键字，也是市场区隔的基础。过去10年，以低廉的"单一价格"为诉求的折扣商店，像日本的百日元商店及美国的1美元商店（dollar store），成功运用"铜板价"创造了鲜明的顾客记忆点，其市场规模持续成长、扩大。

传统的流通业业态大致可分为量贩店、超市和便利商店，这种一价到底的折扣商店，算不算是一种新的业态？美国1美元商店和日本百日元商店，虽然商品结构组合与量贩店、超市、便利商店等零售渠道没有太大区别，但由于以鲜明的单一低价策略取胜，再加上日本长达20年的通货紧缩、美国在金融海啸后低收入人群的增加，都让这种诉求"铜板经济"的折扣店变得很有魅力，甚至形成一股流通新势力。

经营人口结构的绝对多数
折扣商店以"规模经济"寡占市场

以人口结构来说，位于金字塔底层、消费能力较低的人口占大多数，他们是折扣店的主力客群，此外精打细算的中产阶级，宁可在日用食品上省吃俭用，把钱花费在自己喜欢的旅游或3C产品上面，类似的消费行为给了折扣商店蓬勃发展的机会。其中几个撑住市场半边天的标杆企业都经营得非常成功，整体市场规模也日益壮大，我认为这种折扣商店甚至有可能逐渐自成一个业态，和其他传统零售流通业抗衡，未来的发展不容忽视。

2018年，日本百日元商店市场的规模已超过7000亿日元，前两大品牌大创百货（DAISO）和Seria的市场占有率就高达八成，Seria的股票市值甚至高过百货业中的高岛屋，可见这种折扣商店已是日本零售市场的新势力（图5.1）。

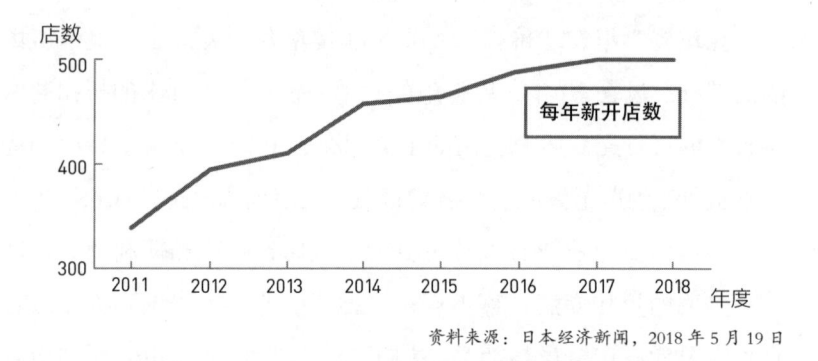

资料来源：日本经济新闻，2018 年 5 月 19 日

图 5.1　日本百日元商店近年积极开店

规模最大的大创百货（2001 年进入台湾地区市场），由矢野博丈创办，他白手起家，曾是杂货流动摊贩，1987 年成立"100 日元商店大创百货"，开始发展连锁事业。由于经营成果卓越，2004 年入选《日经新闻》百大经营者，2017 年在"消费者心目中最有魅力的品牌"评比中名列第二。

即使已成立 30 多年，大创百货的成长动能依旧强劲，2018 年营收达到 4500 亿日元，除了在日本国内拥有 3200 多家店，海外 26 个市场的店数也近 2000 家，甚至在中东、中南美地区都看得到大创百货的踪迹，可以说是日本流通业国际化扩张的翘楚。它成功开拓出折扣商店广大的版图，既为本身带来了规模经济效益，也带动了日本百日元商店的蓬勃发展。

美国的 1 美元商店最早起源于第二次世界大战前，拜 2008 年金融海啸之赐，2010 年到 2015 年快速成长，市场规模由 304 亿美元增为 453 亿美元，几乎增加了五成，目前由 DOLLAR GENERAL 和 DOLLAR TREE 两大品牌称霸。

1939 年创立、规模最大的 DOLLAR GENERAL，原本遥遥领先 1986 年成立、排名第三的 DOLLAR TREE，但后者在 2015 年 7 月并购折扣商店另一大品牌 FAMILY DOLLAR，一口气拿下 8000 多家店之后，两者规模现已不相上下，营收都在 230 亿美元上下，店铺各约 1.5 万家。

DOLLAR GENERAL 一年平均开出 1000 家店，扩张速度飞快，而且连续 27 年营收利益、既存店的业绩、获利都是增长的，值得注意的是，它的营收和梅西百货相当，获利却是后者的两倍；市值则是美国超市业龙头克罗格（Kroger）公司的五倍之多。DOLLAR TREE 的表现也不遑多让，在过去几个季度里，营收增长了 13%，既存店的增长率也将近 4%。

根据我的观察，不论日本或美国，讲求规模经济、大者恒大的百日元商店或 1 美元商店都是寡占市场，显示这个行业是以规模经济取胜，唯有市场够大，通过大量生产、大量进货、以量制价，才能以低价冲高销量来获取利润。

眼看折扣店在这 10 年来的营收、获利快速增长，表现比其他零售渠道都突出（图 5.2），为了抵挡 1 美元商店的扩张势力，美

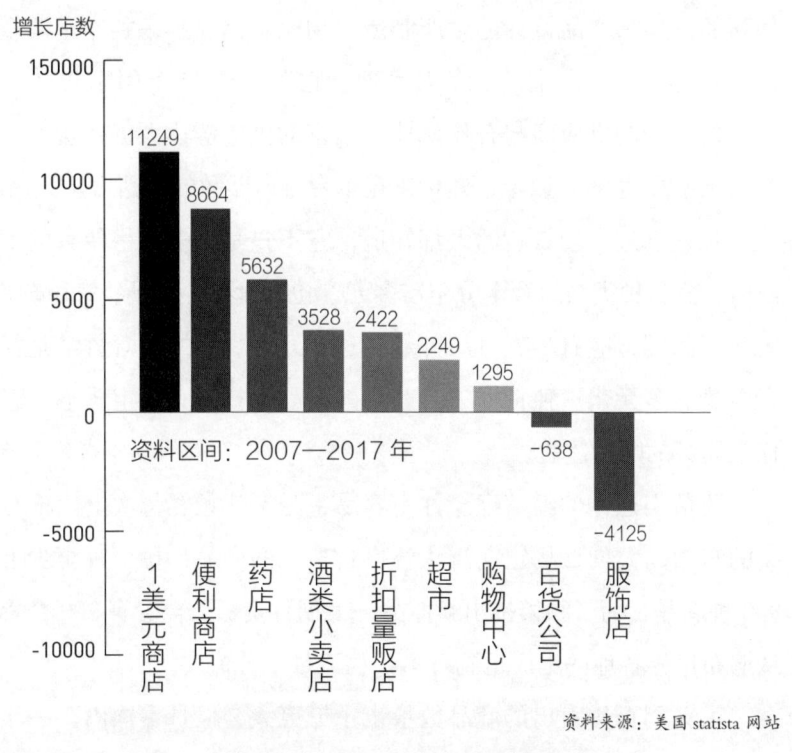

增长店数

店型	增长店数
1美元商店	11249
便利商店	8664
药店	5632
酒类小卖店	3528
折扣量贩店	2422
超市	2249
购物中心	1295
百货公司	-638
服饰店	-4125

资料区间：2007—2017 年

资料来源：美国 statista 网站

图 5.2　美国近十年各实体店型店数增长

国零售业老大哥沃尔玛曾在 2014 年开出一系列迷你店迎战，结果却黯然撤出，并把 41 家店卖给了 DOLLAR GENERAL。显然，铜板经济事业不仅光靠打出"低价"就可以成功的，深入解析美日折扣商店龙头的商业模式，更可看出"低价"只是吸睛亮点，而非成功关键。

日本百日元商店
以 SPA 模式创造商品力的绝对优势

日本百日元商店龙头大创百货采用标准的"制造零售业"（Specialty Store Retailer of Private Label Apparel，简称SPA）经营模式，从商品开发、产品设计、生产制造、物流仓储、销售到库存调整，自己包办，展开所谓的一条龙管理。它在全球 45 个国家共有 1400 家外包生产的供应商与合作伙伴，紧密的供应链让大创百货的自有商品比率高达 99% 以上，建构出竞争者难以匹敌的商品力。

凡是逛过大创百货的人都知道，它不只是诉求价格便宜的廉价商店，商品种类与组合十分丰富多元，包括食品、文具、家用杂货、厨房用品等，应有尽有，品种数多达 7 万个。它的经营哲学是提供高质量、多元化、独特性三者兼具的商品，打造有寻宝乐趣、忍不住想购买的购物体验。

要落实这样的经营理念并不容易，为了让顾客每次上门都有想买的东西，大创百货定期淘汰替换货架上的商品，每个月至少上架 800 种新品。为了频繁推出新商品，大创百货每天至少有 200 个货柜从遍布世界各地的工厂运到日本，物流量十分惊人。

由大创百货卖出的商品数量也十分庞大，仅日本国内，一年就卖出 40 亿件商品，例如 1 秒钟可卖出 6 节电池（一年销量超过 1.47

亿个），3秒卖出1条领带（一年卖出200万条），1.3秒卖出1对假睫毛（图5.3）！如此强大的规模经济与效率，除了可以有效压低成本与末端售价，也让它与代工厂之间长期维持稳定的合作关系，令其他竞争者难望项背。

| 1秒卖出6节电池 | 3秒卖出1条领带 | 1.3秒卖出1对假睫毛 |

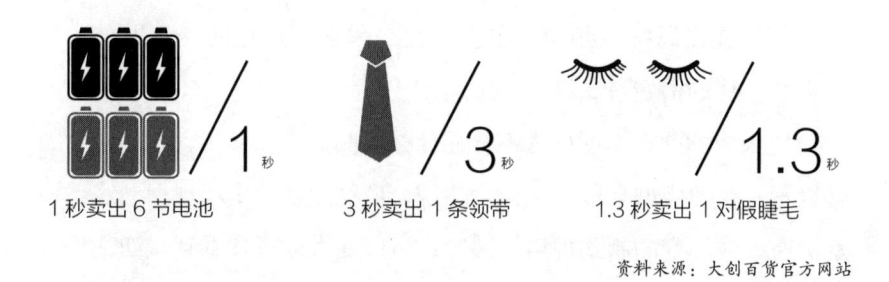

资料来源：大创百货官方网站

图 5.3　大创百货热门商品销售速度惊人

这种经营模式的第一个挑战是，进销存管理必须十分精准细腻又有效率。大创百货自行开发商品，牢牢掌握海外代工厂的生产，同时又在各地广设7万~10万平方米的大型物流中心，不论是滞销品下架与新品上架的配合，生产供应链的环环相扣，流程都无缝衔接，运作得十分顺畅。

第二个挑战是营运成本的控制。当商品愈多、汰换愈快速，如何才能简化门市管理作业，降低人事成本？好在，大创百货店内的商品数虽然多达数万个，但由于采取单一定价"100日元"销售，即使是促销商品，也以"xx个100日元"的方式出售，没有变价、改价的需求，省下许多劳务与门市管理成本。

在开店扩张策略上，大创百货是以直营店为主，仅有少数委托加盟店。2018年，大创百货在日本已有3200家店，海外约2000家，每年仍可增加 150 家新店，而且根据市区、商圈或郊区，设立多样化的店型，开店如此灵活、弹性，要归因于旗下大多是直营店。

大创百货会长矢野博丈有句名言："过去是 10 个人喜欢 10 种颜色，现在则是 1 个人喜欢 10 种甚至 100 种颜色的时代了。"他认为，当顾客对变化的需求提高了，就不能再固守标准化、规格化、系统化的连锁思维，必须追求多元化，采取个店化的经营思维才能贴近新一代的消费者。

也因为如此，大创百货不管在什么商圈都可以开店，不同的商圈会以不一样的店型来展开，包含招牌、商品组合、卖场规划动线……都没有一成不变的制式规格。因此，可以在大创百货看到三四十平方米的小店，也有六七千平方米面积的大店；甚至有的店内采用粉红色色调，有的则走黑色系时尚路线。这反映出大创百货的商圈研究能力及执行力都很强，再加上拥有在 20 多个国家开店的国际化经验，足以应对不同的商圈经营和店型创新的需求。

美国 1 美元商店
瞄准经常买、小量买、没有汽车的家庭客群

美国 1 美元商店的定位类似杂货店或折扣量贩店，以低单价、小包装的日用品及基本生鲜食品组合，满足一般中低收入家庭的生活基本需求。别小看这种小型的低价商店，它的竞争对象居然是一般的杂货店和沃尔玛等大型量贩店，锁定的目标顾客是周边住宅区、每次只能购买一两样生活必需品的低收入人群，或是没有汽车、无法开车到沃尔玛等大卖场大量采购的消费者。

DOLLAR GENERAL 和 DOLLAR TREE，虽然同样是经营铜板经济事业，定价策略和商品组合却不同。

DOLLAR TREE 只销售价格在 1 美元及以下的产品，是标准的 1 美元商店，DOLLAR GENERAL 后来逐渐调整，把价格带放宽到 1~10 美元，但仍比传统杂货店或量贩店便宜了二至四成。

价格低对手头很紧、价格敏感度高的低收入家庭，有强大的吸引力。而经济不景气时，连精打细算的中产阶级也纷纷上门消费，促使它成长得更快，市场规模越来越大。

维持全店商品 1 美元单一价格策略的 DOLLAR TREE，为了保持采购弹性，在美国境内采购的产品占六成，进口产品占四成。除了生活必需用品以外，店内有高达四分之一的货架陈列的是季节性商品，如万圣节玩具等，这一类季节商品每年为它创造了将近一半的业绩。

此外，DOLLAR TREE 本来着重在郊区小镇开店，以面积较大，约 600~1000 多平方米的卖场为主。2015 年它并购了多半在市区开小型店的 FAMILY DOLLAR，适度填补了城市地区的空白，店数因此翻倍，大大地提高了议价能力与竞争力。

值得一提的是，FAMILY DOLLAR 成立于 1955 年，原本是美国第二大的 1 美元商店品牌，但因为定位不明确，有些类似便利商店和小型超市，价格带也较广，从 1 美元到 10 美元不等，再加上市区店的租金、人力等营业费用高，经营绩效反而不如原本名列第三的 DOLLAR TREE，最后反被并购。

DOLLAR TREE 并购了 FAMILY DOLLAR 之后如虎添翼，不但在地理条件上互补，商品组合更有取长补短的效益。DOLLAR TREE 的强项在季节性商品，占比高达 49%，但每季至少更换四分之一的产品，被它并购的 FAMILY DOLLAR 则是以供应冷冻食品、牛奶、鸡蛋等生鲜食品为主，进口商品占比仅 16%，正好弥补 DOLLAR TREE 商品结构上的弱点，如生活必需品及生鲜食品等。也因此，DOLLAR TREE 更有实力与对手 DOLLAR GENERAL 竞争。

DOLLAR GENERAL 主要销售的是非常便宜的生活必需品，再搭配少许的基本生鲜如鸡蛋、牛奶等，还有自有品牌的冷冻商品。这些日常所需的民生消费品贡献了 75% 的营收，另外 25% 的营收才是来自季节性商品，比如圣诞节装饰品、家饰织品等。

在开店策略上，DOLLAR GENERAL 为了让住在偏远地区的低收入者可以就近购物，大部分的店都开在乡村地区，卖场面积约 600 平方米，不到沃尔玛的十分之一，属于小型商店，运营成本不高，利润却相当高。

不过，眼看对手通过并购快速扩大规模，积极抢占城市据点，DOLLAR GENERAL 也不甘示弱，旋即在 2015 年 11 月从私募基金手中买下 DOLLAR TREE 为符合反托拉斯法而释出的 325 家 FAMILY DOLLAR 门市，加快脚步从乡村包围城市，并在纽约、芝加哥等地区，瞄准千禧世代，打造出篮球场大小（面积 300 多平方米，约是标准店的一半）、具有时尚感的便利新形态店 DGX（DOLLAR GENERAL X），增加生鲜、宠物食品，也有少量的健康美妆商品，目前这一类新形态店已有 300 多家。

美日商业模式比一比

VS 日本百日元商店／个人客、流行性商品为主
美国 1 美元商店／家庭客、生鲜或季节商品为主

仔细比较日本与美国的单一价折扣店，虽然都是抢攻铜板经济的市场，但价格区间的选择，与其店铺管理、市场定位、产品组合和位置选择并不相同。日本大创百货全店商品以 100 日元单一价为主，在提供购物乐趣又能节约消费的定位下，降低商品频繁上下架的劳务和成本。主力客层方面，大创百货瞄准"个人客"，位置选择也以流行商圈居多，呼应它追求"发现、惊喜和乐趣"（Find、Surprise & Fun）的市场定位。

相较日本百日元商店经营个人客，美国的 1 美元商店都是瞄准"家庭客"所需展开。采取 1 美元单一价的 DOLLAR TREE，以近五成的低价季节对应商品，满足中低收入家庭的生活趣味；反之，商品价格从 1~10 美元的 DOLLAR GENERAL，则是以蛋奶生鲜品及生活用品，满足家庭客生活上最低采购的需求（表 5.1）。

表 5.1　大创百货 vs. DOLLAR TREE vs. DOLLAR GENERAL 商业模式

	日本	美国	
	大创百货	DOLLAR TREE	DOLLAR GENERAL
价格策略	全店 100 日元以下不等	全店单一价 1 美元	全店 1~10 美元
定位	节约 × 娱乐型制贩同盟*	郊区 1 美元商店	乡村型 小型量贩折扣店
主要客层	个人客	家庭客	家庭客
商品组合	日用杂货为主 多元性高	生活用品 + 季节性商品 无生鲜	基本生活用品 包含少部分生鲜 如牛奶鸡蛋
商品特色	1. 以国外生产为主 2. 以自有品牌为主	1. 以国内生产为主 2. 全国性品牌与自有品牌皆有	1. 以国内生产为主 2. 全国性品牌与自有品牌皆有
位置	各种商圈	郊区为主	乡村为主
成长策略	1. 多国展开 2. 多店型切入不同商圈	并购 FAMILY DOLLAR	以新形态店进入都会空白商圈

＊指由大创开发、设计商品，交由策略伙伴生产。

资料来源：作者汇整

美国摩根士丹利的一项调查将消费者的购物行为分成三种模式：

1. 一次采买多种大量商品。

2. 因应日常所需，采买少数品类，数量也不大。

3. 为特殊场合或节日需要而采买特殊商品。

消费者在大型量贩店购物的行为模式，71%属于第一种。但在 1 美元商店中，消费者的购物行为是以第二种（37%）和第三种（36%）为主，其中仍有 22% 的消费者会到 1 美元商店进行大量采购（图 5.4）。两相比较，1 美元商店更能提供消费者全方位的购物需求，也难怪即使近几年电子商务兴起，却没有对这类单一价折扣店产生威胁。

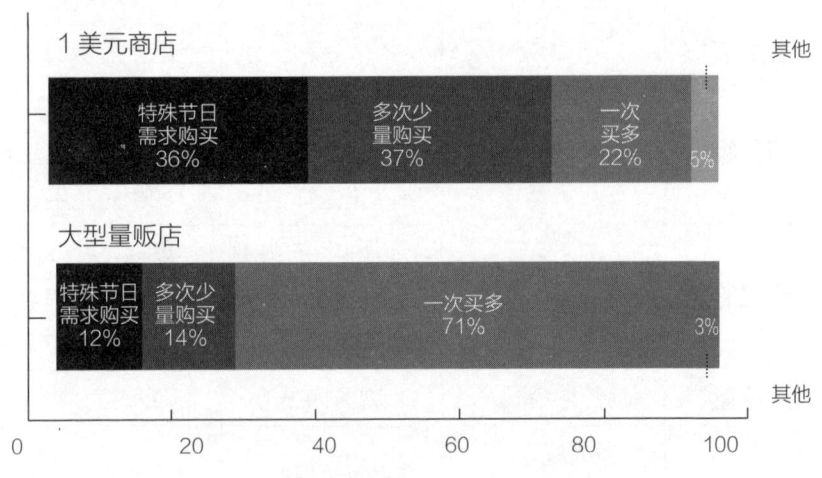

1 美元商店				
特殊节日需求购买 36%	多次少量购买 37%	一次买多 22%	其他 5%

大型量贩店				
特殊节日需求购买 12%	多次少量购买 14%	一次买多 71%	其他 3%

资料来源：Business Insider, 2017 年 11 月 9 日，Morgan Stanley: There's one type of store amazon can't kill 报导 /AlphaWise .Morgan Stanley Research

图 5.4　美国大型量贩店和 1 美元商店消费模式比较

美国信用评等公司穆迪（Moody's）也分析，单一价折扣商店具备了低价、便利、寻宝乐趣等成功要因，这些都是电商无法复制的。甚至于美国 DOLLAR TREE 和 DOLLAR GENERAL 不像其他零售渠道一样另辟线上渠道，原因很简单，就是低单价商品无法负担网购配送的物流费，消费者要低价，就得到店购买，这样的做法反倒避开了电商冲击，持续高增长。

随着贫富差距扩大，消费两极化的趋势愈来愈明显，尤其是在台湾地区目前收入增长有限的情况下，单一低价策略定位的零售渠道的发展潜力应该很大。台湾地区已有类似大创百货、DOLLAR GENERAL 或 DOLLAR TREE 的业态出现，宝雅和金兴发算是比较相近的例子。

金兴发从夜市起家，目前有 14 家；已经股票上市的宝雅，随着规模扩大，近几年不断转型调整经营形态，新推出的第五代店，提高美妆、饼干零食、饮料、女性用品比例，扩宽卖场通道，讲究购物环境的氛围，希望吸引药妆店顾客。

台湾地区的自身需求市场小，所缺乏的规模经济却正是低价折扣店的成功要件，台湾地区的低价折扣店能否突破"天险"，长出自己的姿态？我相信，正如超市、便利商店等其他零售业态在台湾地区的发展一样，折扣店的发展须经过数十年演变，商业模式的转型也势必面对阵痛，不断地调整尝试，才能找出最适合的商业模式。

无论是从传统超市转型的"餐饮超市",或是在生鲜电商、美食外卖以外另辟战场的"下厨懒人包"(Meal kits),其背后的意义是,在全渠道时代,即使业态不断变化创新、更迭变换,唯有舌尖上的滋味不会被虚拟化。

Part III
流通新业态

"餐饮超市"（Grocerant）复合经营的新型超市

威格曼斯 美

VS

永旺集团 日

盒马鲜生 中

零售流通业是每天与人接触的产业，必须与时俱进。根据我30多年来的经验和观察研究，不论是20世纪40年代出现的超市，20世纪60年代开始发展的便利商店，或是20世纪80年代兴起的量贩店，都是随着人口结构、生活形态的改变而不断调整进化的。大约每10年，就可以看出一个大波段的变化轨迹，我称之为产业"浪潮"。

早期零售流通业的发展较为线性，区隔也较明显，以超市、便利商店、量贩店三种业态为例，原本因目标人群的需求不同，商品品种数、卖场面积和营运时间、选址也明显不同，但近10年来，这三种业态之间的区隔逐渐模糊。超市和量贩店在都会分别开出便利小型店，而便利商店则是致力于复合化经营，扩大卖场面积。

不仅如此，这三种消费零售渠道也掀起一股跨界复合的浪潮，其中最突出的就是结合日用杂货（Grocery）与餐厅（Restaurant）的"餐饮超市"（Grocerant）。这一波产业新浪潮大举打破业态疆界，也再次宣告只有贴近顾客需求，勇于变革才是王道。

"餐饮超市"，基本上仍以超市为核心，具备超市的所有功能与完整的商品组合，销售各种生鲜食品和日用杂货，但增加了餐厅、轻食吧、咖啡馆等空间，让顾客可以买、逛、吃、喝、社交联谊，一站购足。这种新业态的出现与社会人口结构老龄化、生活形态改变、电子商务崛起、不同业态的零售渠道瓜分食品消费市场有关，种种外力的挤压，促使超市必须再造重整，以崭新多变的面貌吸引消费者。

是超市，更是餐厅！
呼应"老化的婴儿潮世代"和"忙碌的千禧世代"

"餐饮超市"在美国、日本发展约10年，不仅更贴近现代人的生活形态，也是虚拟渠道无法取代的体验型消费，因此大行其道，成为超市业面临竞争压力的新解方，吸引许多从业者积极投入。美国大型连锁超市如威格曼斯（Wegmans）、全食超市（Whole Foods Market）等，都是这波"餐饮超市"新浪潮的领头羊。

"餐饮超市"主要为呼应婴儿潮世代的老化（1946—1964年出生的人口），以及千禧世代（1980—2000年出生的人口）的生活形态与消费需求而演化过来的。通过消费行为信息分析，老化的婴儿潮世代和生活忙碌的千禧世代，这两大族群都想追求便利与优质的饮食，却不想花太多时间去料理。以美国威格曼斯超市为例，它主要锁定的消费群体就是千禧世代、婴儿潮世代这两大人群以及商务客。

千禧世代大多为年轻的双职工家庭或单身的上班族，生活忙碌、工作压力大，喜欢尝鲜体验新事物，重视休闲生活及美食，却又怕麻烦。婴儿潮世代的老龄消费者，重视健康，但精力有限，期待能方便省力地解决饮食问题，而且希望附近能有合适的用餐场所，可以就近外出社交。至于经常旅行在外洽谈公务的商务客，吃腻一成不变的快餐，则是希望可以无负担地变换口味。

威格曼斯超市以选择性多、自主性高、价格优惠的餐饮服务投其所好，吸引不同的消费群体经常上门用餐，连带也提高超市内生鲜食材及其他关联性商品的消费，拉近超市和餐饮业的差距，有效将两者整合运作。上门的顾客不但能采购生鲜食品，还能享受到现场烹调、价格平实又美味的餐点。最重要的是，餐食使用的食材、调味，全都取自超市所销售的商品，顾客品尝觉得满意之后，自然带动超市内的食品及相关产品的销售，增加消费频率与提高客单价，进而提高超市的营收与利润。

根据美国知名市场调研公司 NPD（National Purchase Dairy）的分

析，从 2008 年到 2016 年，"餐饮超市"的来客数量就高达 24 亿人次，来客数增长 30%。2016 年"餐饮超市"的年营收已达 100 亿美元，相当于新台币 3000 亿元。2019 年 9 月，美国主要超市及日用杂货业者，还在芝加哥举行"餐饮超市"产业高峰会议，积极探讨如何争取更多堂食商机，并巩固超市本业。

2018 日本热门趋势
争取"外食"消费，超市业挽回颓势的新契机

继美国开始发展"餐饮超市"之后，近年来日本、中国也开始跟进。不过，由于社会环境、产业背景结构、消费生活形态有别，"餐饮超市"浪潮在美国、日本、中国三地的崛起、演进过程和商业形貌不尽相同。相较于美国"餐饮超市"的成熟发展，日本的"餐饮超市"浪潮虽然刚启动，却来势汹汹。《日经 TRENDY》杂志 2018 年初所发布的当年度热门流行趋势中，排名第四的正是餐饮超市"Grocerant"！以报道流通、外食等产业趋势的《日经 MJ》报纸，也在 2017 年 9 月 27 日以头版头条特别报道"餐饮超市"的经营与发展，视之为超市业挽回颓势的新契机。

日本食品零售市场有所谓"内食"（料理自烹）、"中食"（外带熟食）、"外食"（在餐厅食用）之分。《日经 MJ》估计，"内食"的商机最大，为 32 兆日元、"中食"为 10 兆日元、"外食"为 25 兆日元。过去 10 年，这个生态却有了明显改变。

在少子化、人口高龄化及双职工家庭增加的多重冲击下，"内食"的消费动能逐渐萎缩，原本超市的强项就是生鲜，"内食"是其消费主力，自然深受影响。再加上其他渠道也跨界卖起生鲜食品，例如来自九州的科摩思（COSMOS）药妆店，食品销售占比就超过

50%。就连美国网购电商亚马逊生鲜（Amazon Fresh）也积极投入日本的食品零售实体渠道，超市业的生存空间遭受多方挤压，2004年之后，总体营收持续下降（图6.1）。

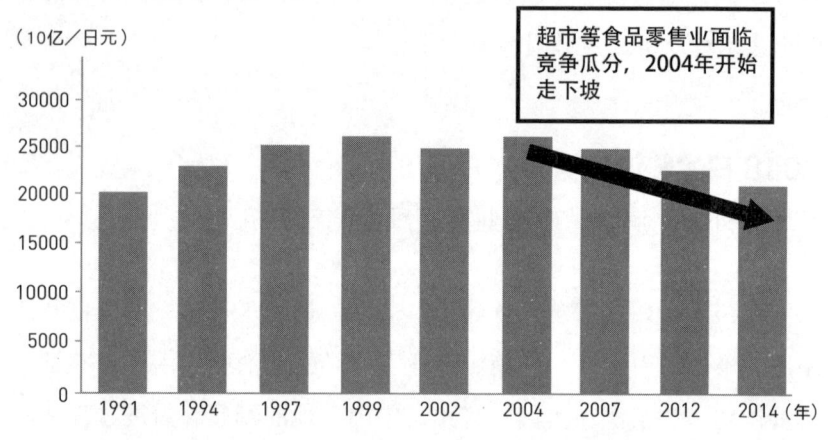

超市等食品零售业面临竞争瓜分，2004年开始走下坡

资料来源：IT media business，2017年9月13日

图6.1　日本食品零售业规模（1991—2014年）

为了挽回超市业的颓势，永旺集团旗下的AEON STYLE、Lawson集团旗下的成城石井超市、伊势丹集团旗下的超市等，除了强化"中食"市场的外带熟食、即食食品，近几年也纷纷尝试改装成"餐饮超市"店型，提供现点现做的餐点，并在卖场内辟出共享座位区，争取"外食"消费。

例如，成城石井超市在东京郊区的京王调布店，一家店才600多平方米，就设有近70平方米左右的餐厅区。AEON STYLE则以引进大餐厅品牌的概念，把超市熟食区与用餐座位区巧妙融合，方便顾客点用选购，提供更人性化的美食体验感受。这种新形态的超市在日本深受忙碌的上班族、职业妇女和银发族喜爱，一时之间蔚为风潮。

同样是"餐饮超市",在不同的市场,业者采取的策略及运营的商业模式也会有差别。我以美国东岸的威格曼斯和日本永旺集团旗下的 AEON STYLE 两家企业为例,进一步探究其商业模式。

威格曼斯／美
打造家庭和办公室之外的"第三空间"

有 102 年历史、连续 20 年在美国消费者满意度调查（ACSI）中被评为"最佳超市"的威格曼斯,是美国餐饮超市的佼佼者。

威格曼斯从美国东岸起家,目前店数仅 95 家、营收不过 85 亿美元,却拿下 2018 年"全美消费者最爱超市品牌"的第一名,在哈里斯民调（Harris Poll）中也超越苹果（Apple）和谷歌（Google）,成为全美声誉最高的企业。

威格曼斯素以"对顾客友善"闻名,但它在即食（Ready-to-eat）、熟食（Ready-to-heat）的外卖服务方面也扎根已久,这也成为它发展"餐饮超市"的根基。

威格曼斯经营"餐饮超市"的概念是提供多用途用餐空间,定位为家和工作场所之外的"第三空间",成为附近居民的聚会场所或是公务会馆,顾客不论买东西、吃东西,随时都会想到它。

以位于新泽西州桥水镇（Bridgewater）上的威格曼斯为例,一楼是超市,二楼整个楼层都是餐饮区,隔成餐厅、咖啡馆等几个不同的用餐空间,装潢明亮时尚,座位宽敞舒适;也有超市专属厨房的厨师每天现做颇具餐厅水平的新鲜食物,而且价格相当实惠,比一般餐厅的消费金额至少便宜三分之一到二分之一。顾客也可以买超市现成的熟食在此开放空间享用。

威格曼斯打造的"第三空间",和一般购物中心的餐饮区（Food

Corner）或美食街（Food Hall）最大的差异在于，以往购物中心的主要商业模式是将楼面积转租给不同的餐厅业者，当房东收租金；威格曼斯则运用以下三种不同的模式，建构"餐饮超市"的吸引力。第一种模式为超市内畅销品的延伸。例如，超市内中央厨房每天制作的沙拉或意大利面、比萨如果卖得非常好，就在卖场内另辟专卖店开一家沙拉吧或意大利料理餐厅，以现点现做的方式供应，如果顾客想回家自己做，也可以在超市买到同样的食材、调味料等，并提供食谱给顾客参考。第二种模式是找名店进驻开店。第三种则是引进名厨来超市开店。所有餐点价格都只有一般餐厅的一半。

威格曼斯的差异化策略是以自身超市经营为主，通过强劲的信息系统收集数据，分析筛选出原本就深受欢迎的畅销外带即食（Best sell deli）及其主要消费客群，再进一步延伸到餐饮服务。目前在其大本营纽约州、新泽西州、宾州等地区，都已提供现点现做的多样化餐饮服务，甚至发展出好几家自营餐厅品牌，包括休闲餐厅 Next Door、专做汉堡的 The Burger Bar、餐酒餐厅 The Pub 及意大利料理餐厅 Amore 等。

除了餐饮口味和价格定位十分亲民，威格曼斯"餐饮超市"最大的特色是让不同族群的人各得其所、各取所需。餐厅内设置有一人用餐座位，也有多人聚餐的区域，甚至有包厢可以让公司企业举行商务聚会或家庭派对等，并设有儿童游戏区。更特别的是，这些餐厅不禁止自带食品，顾客除点用餐厅内的食物，也可以买超市的熟食、酒、饮料或其他食品进来，成功打造一个除了家庭和办公室以外的"第三空间"。

永旺集团 / 日
以生活提案抢进"中、外食商机"

在日本餐饮超市的风潮中，永旺集团旗下有 400 家店的 AEON STYLE

表现相当积极，根据商圈特性与需求，全面朝向新形态的"餐饮超市"店型进行改装，预料此举也会刺激日本超市业的加速转型。

以大型量贩店佳世客（Jusco）起家进而发展为购物中心的永旺集团，经历过大型量贩店由盛而衰的惨痛经验，深知"不创新就等死"的市场法则。2013年底开张的永旺海滨幕张购物中心，率先以"改善当地生活方式"的角度规划出结合超市与餐饮功能的新永旺（AEON STYLE），而后陆续展开全日本400家店的改革创新。

新永旺的策略是通过业态创新激活新商机，改造的手法是在既有空间中调整、重组，加入新的元素，以"店中店"的方式强化餐饮消费及社交联谊功能。最先改造的店面是位于地铁站旁、交通流量大，附近有住宅区的卖场，调整空间配置，新增座位区以及现点现做的餐饮服务，以提高顾客好感与黏度，争取"中食"和"外食"的商机。

以其位于东京迪斯尼附近的新浦安MONA店为例，卖场面积约9900平方米，但因邻近新兴住宅区，0.5公里商圈范围内的人口数达1.2万人，且地点又位于日本铁路（JR）线浦安地铁站旁，附近工作的固定消费人口约9000人，浦安站每天进出的乘客更是多达11万人，这种大量人潮流动的地点，"中食""外食"需求相当可观，强化熟食和餐饮的功能势在必行。

鉴于此，AEON STYLE把卖场三分之一的空间规划为开放式的用餐座位区，以30~40岁的女性上班族、高龄者、单身族及通勤族为目标对象，提供更多"外食"选择。新浦安MONA店用餐区的座位规划约100个，环绕周围的是各式现点现做的餐厅美食及熟食陈列区、自助咖啡、甜点区和酒吧区、酒品区等，品种十分丰富。

其中包括以石窑现烤的比萨、沙拉专卖店，日本有特色的饭团专卖店HONOMI也已进驻，以品牌专柜方式呈现，追求"吃得健康又美丽"。品牌专柜前也有做好的现成熟食供内用或外带,价格相当实惠。以比萨为例,十种选项的售价从 400~900 日元不等;沙拉吧提供丰富的菜品与配料,可以自行挑选组合,售价约 1000 日元。

邻近品牌餐厅专柜区的是油炸食品、小菜之类食用频率高的熟食区,再往卖场内走,就是生鲜蔬果区和其他食品、日用品区,方便顾客直接购买食材。此外,超市还提供食谱,方便顾客回家料理,希望能以"外食""中食"带动食材的销售。酒吧区则和酒品陈列区相连,只要花 300 日元就可点一杯葡萄酒,鸡尾酒约 1000 日元,还有精酿啤酒等多种酒类可供选择,也提供餐酒搭配的小菜、芝士、火腿等,提供附近上班族一个下班后、回家前的休闲好去处。

AEON STYLE 新浦安店,因为邻近车站,客流量可观,改装前便当寿司等熟食就卖得很好,销售占比高达营业额的 35%,比一般超市熟食平均占比的 25% 高许多。改装后,它既增加了餐饮服务功能,熟食品种也大幅提高,商品更为丰富,果然获得消费者的认同,熟食的销售业绩比原来增长一倍,生鲜食材的业绩也明显增加,数据显示导入"外食"餐点服务之后,顾客满意度提高,连带店内的"中食"产品销售也跟着上涨(表 6.1)。

表 6.1 威格曼斯 vs. 永旺集团"餐饮超市"商业模式比较表

	威格曼斯	永旺集团
策略	差异化	业态创新
定位	第三空间	
店型	复合店	店中店
客层	个人用餐/家庭聚餐/商务聚会	个人用餐为主,特别是 30~40 岁女性

续表

	威格曼斯	永旺集团
主力商品	1. 从超市热销即食品（Deli）中，发展为餐厅主力料理 2. 超市即食品是中央厨房制作，餐厅主力料理为现点现做	1. 选择易于现做的菜品，例如比萨、沙拉、咖喱饭、三明治等 2. 现点现做 + 外带即食 + 外带熟食
特色	一站购足 vs. 吃喝由你 1. 不禁止自带食物，餐厅中也可吃超市售卖的东西，价格较一般餐厅便宜一半 2. 打造住家和办公室以外的"第三空间"，让不同族群各得其所	品牌专柜多 vs. 食物种类多 1. 有即食、熟食、现点现做等多种品牌和商品可供选择，现点现做的价格略高于外带即食 2. 设置开放式的集合座位区（类似百货卖场设立的小吃街）
效益	提高超市的集客力和黏度	抢占"中食""外食"消费，带动"内食"销售
KPI	1. 来客数 2. 关联购买	1. 熟食销售量 2. 食材 vs. 生鲜销售量

资料来源：作者汇整

盒马鲜生 / 中
结合新零售的跳跃式创新

除了日本，我国也开始积极拥抱餐饮超市的新浪潮。相较于美国、日本超市业以循序渐进的方式发展演化，中国的"餐饮超市"则是结合新零售的跳跃式创新。

这股创新动力来自网络平台巨擘整合虚实、适应 O 型全渠道浪潮的迫切需求，它们融合中国特有的消费习性与市场环境，锁定日常生活中最不可缺少也无法虚拟化的"食"，打造虚实整合的捷径，将生鲜食品超市结合线下餐饮、在线电商和外卖服务等元素，甚至纳入无人商店、AI 智慧服务的概念，开创出特有的新零售商业模式。包括阿里巴巴旗下的"盒马鲜生"、腾讯投资的永辉超市"超级物种"、京东"7FRESH"等，都是这波新浪潮的领头羊，虽然成立不久，却大受消费者欢迎。

以"盒马鲜生"为例，原本它强调的不是超市，而是电商体验店，但经过不断修正升级后，借用餐饮超市的概念，以"吃"为定位，打造出结合超市、菜市场、外卖、餐厅、仓储等多重功能的零售新形态。

盒马鲜生主打中菜现炒、海鲜现购代客加工（外加 15~30 元人民币）等卖点，消费者除了挑、选、逛，也可以立即尝鲜。最特别的是，整合线上及线下的配送服务，3 公里、30 分钟内可送餐到家。同时，通过收集这些消费数据，找出消费者每天需要的刚性需求，将之整合成更具竞争力的商品组合。

京东 7FRESH 则是由电商平台进军生鲜食材及餐饮实体渠道的复合经营模式。例如，京东 7FRESH 内的水产商品区，紧邻着餐饮区，顾客买了海鲜之后，可以直接在餐饮区烹饪试吃，食品加工费从 3~98 元人民币。

生鲜现买、代客烹调，这样的经营模式让人联想到结合新鲜海产与餐饮服务、位于台北的"上引水产"，或是附设餐饮座位区或餐厅的大型量贩渠道。但严格来说，这些模式和"餐饮超市"的定义还有一定的差距。至于台湾地区的连锁超市从业者，虽然已经开始积极发展"外食"，却仍有许多挑战待克服，他们对于这一波餐饮超市的新趋势多持观望态度。

的确，以台湾地区的商业环境，"餐饮超市"的概念不一定完全适用，但是这一波浪潮的崛起，再一次印证了零售轮理论（The Wheel of Retailing Theory），也就是任何零售业态都有生命周期，而且越转越快，业态创新的脚步必须更加快速。

其次，超市业拥抱餐饮业，拓展新市场又巩固本业。而线上生鲜电商网络经营实体超市兼餐饮，还提供外卖宅配，显示业态界限越转越模糊，跨界整合是未来零售流通业生存竞争的关键。

此外，同中求异，大型连锁由标准化趋向单店经营化，并以商圈顾客的满意度为最大目标。不论是威格曼斯或新永旺都证实了零售业不可能再像过去一样，一味追求一致性、标准化的大量复制。连锁食品渠道在追求规模经济与供应链综合效益的同时，更要保持灵活的弹性，根据商圈特性及目标顾客层的需求，适度调整商品和餐饮服务的组合及卖场规划陈列，如此才能在个别商圈胜出，进而追求整体的增长。

全家虽然不是经营超市，但同样可以参考上述案例的经验，视商圈特性导入现点现做的日常食品，满足消费者的"外食"需求。例如在2018年3月，全家与韩国炸鸡第一品牌bb.q CHICKEN合作，在部分门市尝试现点现做的复合式店铺，就是针对日益增长的外卖需求而展开，不仅可以让门市内的餐饮座位区效益提升，并可带动来客数及营收增长。如果成功了，也可以说是一种"餐饮超市"的变形吧！

"下厨懒人包"（Meal kits）
解决没时间问题的食材包

蓝围裙 ㊤

VS

哈罗生鲜 ㊥

爱宜食 ㊐

流通业态的创新浪潮大多从美国开始，然后发展到日本，再延伸到其他亚洲国家。台湾地区也大多是学习日本企业的做法。"餐饮超市"的新浪潮是如此，"下厨懒人包"（Meal kits）这个新趋势的发展路径也是如此。

"下厨懒人包"可以说是来自现代人生活形态改变下的产物，尤其是双职工家庭想自己煮一餐来吃，下了班却根本没有时间到菜市场买食材，更不要说回家还要洗菜、切菜、备料……这种"没时间"的生活形态，日本称之为"时短"，于是把洗净、截切处理后的食材、调味料、食谱，直接包装成箱，宅配到家的"下厨懒人包"应运而生，让忙碌而无法花太多时间料理三餐的双职工家庭，也可以轻松愉快地和家人一起享用自己烹调的美食。

进化版"内食"
节省采买、备菜时间，大量减少厨余

以我自己来说，"外食"占三餐的 50%，而根据调查，一般台湾地区民众的早、午餐约有七成"外食"，晚餐有三成"外食"。面对越来越多的"外食"人口，餐饮市场的竞争有多激烈无需赘述。

一般来说，日本食品流通从业者将三餐的消费形态分成："外食"（Ready-to-eat），如大户屋、胡须张等餐饮业者提供的餐饮服务，点餐后在店内享用。第二种是"中食"（Ready-to-heat），如便利商店的便当或超市、传统市场销售的速冻水饺，消费者可以外带即食或在家里简单加热。第三种是"内食"（Ready-to-prepare），也就是消费者买菜回家，自己烹调。新兴的"下厨懒人包"可以说是一种"进化版的内食"（Ready-to-cook）。

这三种食品流通消费市场，原本划分得很清楚，各有企业占据，但包含洗净、截切处理后的食材、调味料、食谱的"下厨懒人包"，

不但帮消费者节省采买、备菜的时间，也大量减少了厨余量，更适时满足消费者偶尔也想要自己动手烹饪（DIY）的需求和乐趣，因此在美国率先推出后备受欢迎，销售数据快速攀升。

AC 尼尔森 2018 年公布的美国生鲜食品市场调查显示，消费者在"下厨懒人包""美食外卖""生鲜电商"的花费，增长幅度高于大卖场、超市、便利商店、餐厅、快餐店、杂货店等传统渠道，其中又以"下厨懒人包"的增长率最为惊人，比增长幅度第二的"美食外卖"高出三倍之多（图 7.1）。

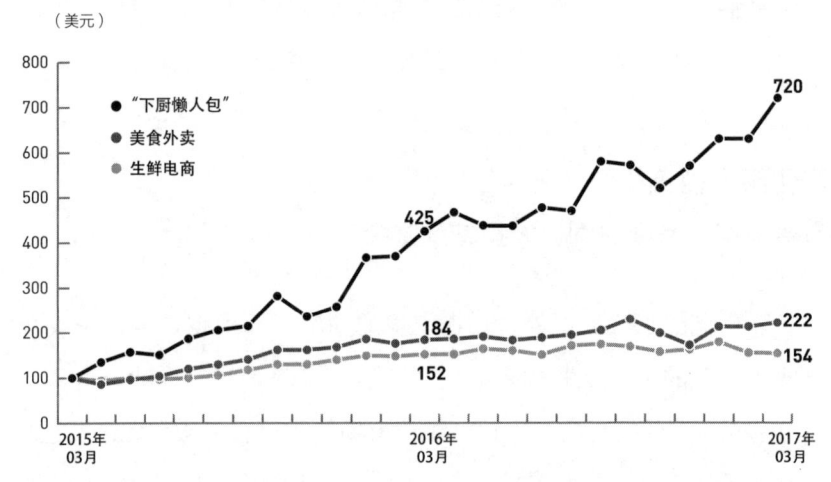

资料来源：https://www.nielsen.com/us/en/insights/news/2018/meal-kit-mania-innovation-for-foodies.html

图 7.1　美国"下厨懒人包"消费金额增长大幅领先其他新兴业态

美国的"下厨懒人包"风潮，由蓝围裙（Blue Apron）带起，再加上来自德国的哈罗生鲜（Hello Fresh）自 2012 年崛起，两者联手炒热市场之后，到 2016 年市场规模已扩大到 15 亿美元，2017 年更出现爆炸性的三倍增长，达到 50 亿美元。

市场研究机构泰克奈维欧（Technavio）更预估到 2022 年，"下厨懒人包"产业将再增长 2.2 倍！眼看"下厨懒人包"的消费金额在短短 4~5 年就翻升数倍，而且增长动能持盛不衰，美国各大流通及新零售从业者为了避免生鲜市场被瓜分，也不甘示弱，纷纷加入战局，竞相供应"下厨懒人包"商品。例如，电商霸主亚马逊 2017 年 9 月就已投入战局，以"我们备料，你当主厨"（We do the prep, you be the chef）为口号，销售各式"下厨懒人包"。

美国最大超市克罗格公司，动作更快、更早，2017 年 5 月就推出自有品牌"Prep + Pared"的"下厨懒人包"；并在 2018 年 5 月并购美国第三大品牌主厨公司（Home Chef）。零售巨头沃尔玛也在 2018 年 3 月，于 250 家门店引进多种品牌的"下厨懒人包"产品上架销售。

除了食品渠道，"下厨懒人包"的风潮更从渠道端向上蔓延到食品制造业。食品大厂联合利华（Unilever）成立新公司以"Sun Basket"品牌，推出"下厨懒人包"商品，进军食品零售领域。美国雀巢（Nestle USA）则成立"Freshly"品牌。一时间，"下厨懒人包"市场可以说是战国天下、百家争鸣。虽然现在谁会是赢家仍是未知数，但可以确定的是，"下厨懒人包"的整体市场一定会更快速地扩大。

显然，这种新营运模式已在美国兴起，并且在日本也已经风风火火，未来甚至可能引发一场横跨生鲜超市、餐饮业，甚至电商的跨界大战，吸引更多相关从业者加入竞逐，后续的发展值得密切关注。

蓝围裙 / 美
引爆"下厨革命" "下厨懒人包"独角兽

蓝围裙是美国第一个创立"下厨懒人包"这种业态的独角兽，2012 年进入市场，和契作（指按契约要求去种植）农场合作，以控管生鲜食材的质量。当契作农场把各种生鲜食材送到物流中心之后，它先将食材进行清洗、截切、分装，变成立即可以烹调的风味菜组合，再搭配由名厨设计的配料包与食谱，组合成可供 2 人或 4 人食用的 DIY 烹饪包，然后宅配到家。

以往，忙碌的消费者如果不想外出用餐，打算在家里简易烹煮一餐时，往往只能选择冷冻食品，或买熟食回家加热，但蓝围裙推出的"下厨懒人包"，让消费者以"周"为单位订购，只要选择每周配送次数，再照着食谱做，就可以轻松地烹饪出美味可口的现煮佳肴（图 7.2）。

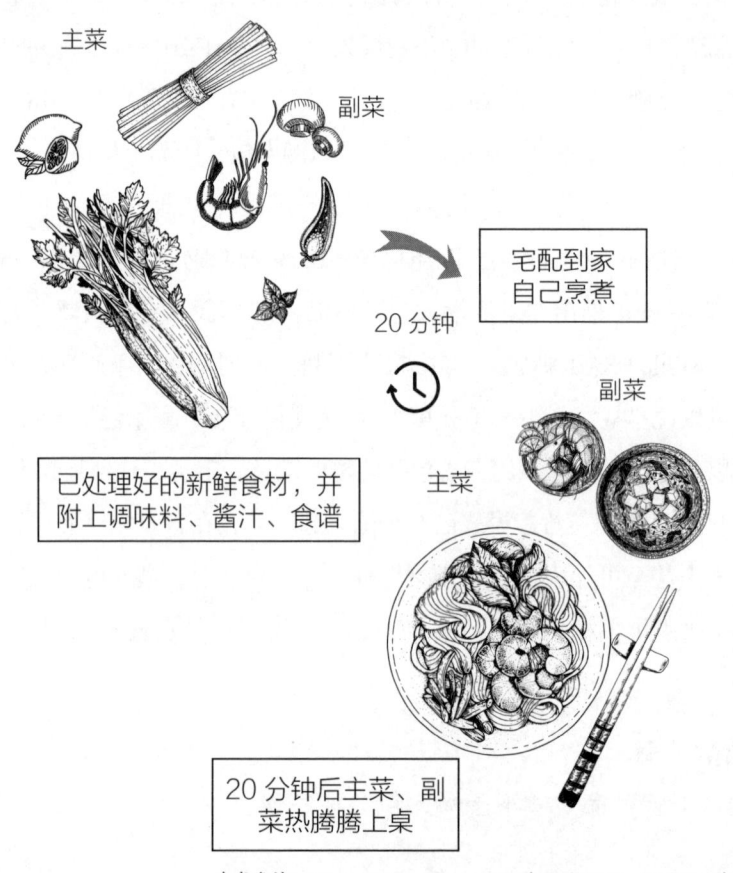

主菜

副菜

宅配到家
自己烹煮

20 分钟

已处理好的新鲜食材，并附上调味料、酱汁、食谱

副菜

主菜

20 分钟后主菜、副菜热腾腾上桌

参考资料：Diamond Chain Store，2018 年 7 月 15 日，Meal kits 特辑报道

图 7.2 "下厨懒人包"示意图

蓝围裙"下厨懒人包"的出现在美国家庭引爆了"下厨革命"，不过短短两年后，2014 年蓝围裙就创下 7780 万美元的营收，到了

2016年更是翻升十倍，增长到7.95亿美元，成为市场第一品牌。

高速增长的蓝围裙主要瞄准都市的女性上班族，为了拓展新客源和维持既有顾客，在社群网站上投入大量营销费用，并经常举办试吃活动以创造口碑。仅是2016年的营销费用就支出1.44亿美元，占该年度营收的18%。

此外，它也不惜投入大量资本，在美国东西岸自建大型物流中心，却因运作不顺畅，导致配送延误，造成大量顾客投诉。更糟糕的是，在2016年10月竟然发生食品安全事件，重创品牌形象。

尽管如此，该公司2017年6月股票公开上市，发行时市值高达18亿美元，被视为"下厨懒人包"市场上的第一只独角兽，不过上市后股价却一路下滑，2018年8月，市值仅剩下3.6亿美元，缩水了80%。

哈罗生鲜／德
轻资产、重研发的商业模式更具竞争力

与蓝围裙几乎同时起步的德国哈罗生鲜，商业模式与前者类似，但营运上采取轻资产模式。

哈罗生鲜和蓝围裙一样都需要投入大量营销成本，以两家公司的2017年年报数字来看，蓝围裙当年营销费用为1.6亿美元，占营收8.8亿美元的18%；哈罗生鲜在美国的营销费用更高，当年营销费用为2.8亿美元，占营收10.6亿美元的26%，但它不是将钱砸在物流中心，而是将大量资源投到人工智能（AI）及大数据（Big Data）的收集上，精准分析顾客需求，以开发定制化的产品；并提供友善的App订购功能，运用数据推荐消费者购买适合的商品。

哈罗生鲜物流配送虽然采取外包策略，但为了达到实时（Just in Time）的配送需求，自行开发了物流管理系统，让食材配料、库存、

宅配到家的时间差降到最低，以达到最佳效率。为此，仅是2017年它在软件开发方面就投入了390万欧元，但也因此快速成长，2017年的营收比前一年增加了51.6%。

目前哈罗生鲜已在10个国家开业运营，2017年在法兰克福证券交易所公开上市时，市值为17亿欧元，约19.3亿美元，和蓝围裙上市时的市值相差不远。但是到了2018年3月，哈罗生鲜宣布并购美国有机食品"下厨懒人包"商家主厨公司，取代蓝围裙跃居美国"下厨懒人包"市场第一大品牌，至当年5月市值已飙升了43%。

哈罗生鲜估计在2018年底已达到损益平衡，利润率可达12%~15%。相较蓝围裙，哈罗生鲜轻资产、重研发的商业模式似乎更具成长空间，也更被投资人看好。

爱宜食／日
生鲜电商平台转型，掌握"内食"市场成长趋势

日本"下厨懒人包"的标杆企业爱宜食公司（Oisix），成立于2000年，原本做的是生鲜电商，社长高岛宏平出身麦肯锡咨询公司。他看到日本"内食"市场的趋势，开始为生鲜电商平台增加"下厨懒人包"服务，商业模式和美国的蓝围裙雷同。爱宜食公司在2013年3月上市，并积极展开供应链的整合和并购，扩大营收。

以2008年爱宜食年营收还不到50亿日元来看，2018年营收增长了8倍，达到400亿日元，和增加"下厨懒人包"服务有密切的关系。

当然，爱宜食的增长除了掌握"内食"市场，也与它积极并购、扩大经营规模、创造出供应链综合效益有关。例如，它在2017年10月并购以生鲜食材、整合供应链专长的Daichi，2018年10月又并入Radish Boya，强化在食材供应链方面的优势，预估因为这两起并购案，爱宜食营收增长可期。

基本上，日本爱宜食和哈罗生鲜、蓝围裙一样，都采取契作方式（即契约耕作，是指商业公司与农民或农会在播种前订下合约，对所生产转定的蔬果进行数量和价格上的保证收购，以保障彼此的权益），管控确保生鲜食材的质量，搭配名厨调配的美味酱料、完整的食谱设计（主/副菜搭配、简易操作），以完整的配送服务（简便订购流程、指定配送）、合理的价格（美国市场双人套餐约 20 美元，日本双人套餐约 2000 日元），深受消费者青睐，但日本爱宜食的商品组合更多元化、机动灵活，充分满足不同目标族群在不同情境下的需求（图 7.3）。爱宜食的产品分为几大类：

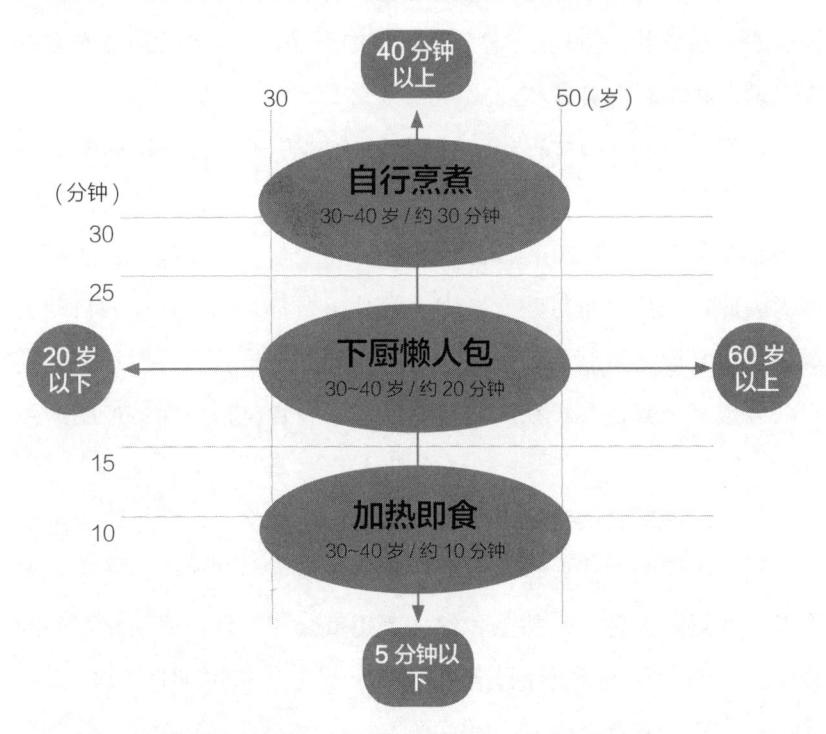

不同年龄层愿意花费在备餐上的时间不同，因而对应出不同的餐饮业态。"下厨懒人包"以 30~40 岁为主，在自行烹煮和加热即食的加工食品中，区隔出了一个新的市场需求。

资料来源：Diamond Chain Store，2018 年 7 月 15 日，Meal kits 特辑报道

图 7.3 "下厨懒人包"市场定位

1. 以有机蔬菜为主食材的"下厨懒人包";

2. 以一般食品为主的"下厨懒人包";

3. 针对孕妇的产前、产后餐;

4. 专为瘦身需求开发的健康懒人包瘦身餐。

不论是哪一种，都有主菜、副菜之分，20分钟内就可制作完成，以解决消费者"时短"（时间有限）的痛点。而且每一样食谱都包含5种以上的蔬菜，以解决现代人蔬菜摄取不足的困扰。另外，还提供如半根萝卜、500克洋葱等小规格的商品，对于小家庭或单身一族来说，此举非常实惠。

爱宜食在网络上以"会员制"的预购方式经营，每周配送一次。它也针对会员做一对一营销，每位会员都有自己专属的商品组合，其中包含的15~20种商品，会随着每一位会员的购买经历而变动，因此每一位会员订购专区内的商品组合都不同，每周四自动更新。由于采取会员制预购方式，再配送到家，爱宜食可以计划性生产。会员订单确认后，在配送日期前才采收食材，以保持产品的新鲜度。

此外，爱宜食的送货方式也提供多元化的选择，会员除了可以以宅配、店配的方式取货，它也和实体渠道策略联盟，在商店上架销售"下厨懒人包"，甚至和各县市超市合作，以"移动超市"的菜车方式在偏远地区巡回，420辆菜车服务每年可创造50亿日元营收。

2019年起，爱宜食积极拓展海外市场，目前已在中国上海设立公司。预计2019年全公司营收目标要超出600亿日元，5年后（2024年）要挑战1000亿日元。

"下厨懒人包"成功要素
菜色简单、食材新鲜、数据分析

电子商务兴起，网络订购生鲜食材、宅配到家的消费形态逐渐盛行，对传统的超市业者已经带来不小的冲击。现在"下厨懒人包"掀起这一波抢占餐桌的新浪潮，再次挑战生鲜超市这个传统业态的生存空间。由3家"下厨懒人包"标杆企业的商业模式分析（表7.1）可以看出，其成功的关键因素不外以下三点：

一、菜色要简单、易煮、好吃

"下厨懒人包"的商品大多是套餐的概念，仍需消费者亲自完成最后一个步骤的烹煮，所以开发商品时，要从消费者在家料理的情境思考，除了要有美味的调料，简易操作的食谱设计，也要有主、副菜的搭配，食材的订购更需弹性化。

表 7.1　美国、日本"下厨懒人包"企业商业模式比较表

	美国		日本
	蓝围裙	哈罗生鲜	爱宜食
创立时间	2012 年	2011 年	2000 年
上市时间	2017 年	2017 年	2013 年
使用者	74.6 万人次	150 万人次	固定使用会员数 7.1 万人，已出餐 1000 万个

续表

	美国	日本
商品组合	2 人份组合 4 人份组合	• 依分量组合 • 依需求组合，如孕妇产前产后调理、瘦身增肌 • 小规格食材
价格区间	7.99~9.99 美元／人	8.74~9.99 美元／人	•2 人份单道菜约 1000 日元 •2~3 人份主菜、副菜组合 1680~2500 日元
备注		创始为德国公司

资料来源：作者汇整

爱宜食供应半根萝卜、500 克洋葱等小规格的生鲜食材，所有菜谱都用到 5 种以上的蔬菜，增加顾客的蔬菜摄取量等，是充分贴近消费者需求的成功商品开发案例。

二、从供应链维持食材新鲜度

食品流通，除了口味、价格，食材的新鲜度与供应链的效率管理更是关键，也是建立口碑的基石。经营者除了通过契作方式，慎选高质量的安心食材，在处理加工、包装运送的过程中，也都不能忽略生鲜质量的管控，如此才能让消费者信任，持续回头购买。

三、善用数据分析维系老会员

基本上,"下厨懒人包"的获客成本相当高,要持续地靠口碑宣传营销,才能成功留住老顾客,使其成为重复消费的稳定会员。例如,爱宜食以会员订阅制度建立稳定的顾客基础,甚至拥有顾客的生活形态图像与消费数据,才能针对不同人群或情境,进一步在商品的开发与组合上,提供多元选择,满足不同顾客的需求。

解决顾客痛点永远是商业模式创新的来源,"下厨懒人包"的兴起归功省时、便利,降低在家做饭的障碍,解决忙碌上班族的没时间问题。不过,无论是从传统超市转型的餐饮超市,或是在生鲜电商、美食外卖以外另辟战场的"下厨懒人包",其背后的意义是,在全渠道时代,即使业态不断变化创新、更迭汰换,唯有舌尖上的滋味不会被虚拟化(表7.2)。

因此,电子商务从业者和实体渠道从业者都竞相抢占这一波新兴浪潮,例如日本最大的零售集团永旺,从2018年9月起,在300家门市中销售自有品牌CooKit的"下厨懒人包",其计划很快将CooKit的产品数目增加到50项。

表7.2 瞄准没时间懒商机的生鲜食品新兴商业模式

	"下厨懒人包"	生鲜电商	超市代购App
销售方式	以周为单位的订阅式	电商平台	1. 代客采购生鲜、送到家 2. 与实体超市合作,代理外卖

续表

	"下厨懒人包"	生鲜电商	超市代购 App
渠道性质	电商为主，实体渠道策略结盟	电商为主，并购、策略联盟实体渠道	1. 以 App 媒介需求 2. 配送人力为外包
商品特色	1. 省去采购、备料等劳务 2. 菜单化、小份量立即烹调的菜色组合	生鲜食材配送到家，省去采购劳务	提供代买外卖服务，省去采购食材劳务
市场定位	利基市场	大众市场	消费者及超市
成功关键	1. 菜色新品开发力、易烹调 2. 供应链鲜度及效率管理 3. 客源取得、维持及数据运用	1. 商品鲜度 2. 物流速度、成本	平台双边效应
代表品牌	蓝围裙（美）、哈罗生鲜（德、美）、爱宜食（日）	Amazon Fresh（美）、Morrisons（英）	instacart（美）

资料来源：作者汇整

台湾解决没有时间问题的商机巨大
从冷冻食品增加,显示"下厨懒人包"商机可期

观察台湾地区,双职工家庭的比率愈来愈高,再加上人口老龄化,高龄人口快速增加,解决没有时间问题的商机巨大。近年台湾地区消费者回家用餐的比率逐渐上升,购买冷冻食品回家简易快速烹调的比率明显增加,显示出"下厨懒人包"的潜在商机。

生鲜电商平台、社群平台、实体超市、量贩店、便利商店等,都有机会进入这个新领域发展,在台湾地区,我认为便利商店的机会最大。因为过去20多年,台湾地区便利商店为强化鲜食业务,大力投资建立食材管理及低温供应链系统,积累鲜食商品开发能力,并布局出线上、线下兼有的虚实销售网络,这些都是发展"下厨懒人包"的有利条件。

目前日本三大便利商店都已经开展"下厨懒人包"的业务,可以预计在不久的将来,"下厨懒人包"将成为台湾地区便利商店中重要的服务项目之一。

以全家为例,目前已与永丰余生技、天和鲜物等合作,提供安全、安心的生鲜及加工食品,让双职工家庭有更多餐食选择,未来也会尝试开发更适合这个人群需求的"下厨懒人包"商品组合。

同时做到差异化，又能聚焦经营、维持成本的价值创新企业，才能在既快又急的市场震荡中生存。
价值创新不是两者择一（either-or），而是两者兼顾（both-and）的思维。

Part IV
聚焦差异化

单一品类
聚焦经营杀出餐饮业红海

寿司郎 日 VS 鸟贵族 日

日本由于通货紧缩，收入没有增长，再加上人口老龄化导致消费力下滑；2008年金融危机爆发后，企业也大砍公关费用，让日本餐饮市场明显产生质变，这几年我去日本出差时发现，许多知名餐饮业者纷纷退出市场，平价餐饮顺势崛起。

其中最具代表性的是平价连锁回转寿司"寿司郎"（SUSHIRO）及串烧专门店"鸟贵族"（TORIKIZOKU），虽然它们分属不同餐饮业态，却都因为采取单一价格、单一品项的聚焦式经营，明确诉求平价、超值，深受消费大众的认同，它们聚焦单一品项的经营模式，在竞争极其激烈的餐饮业红海中，开创出属于自己的一片蓝海。我相信，这两大平价餐饮品牌除了食物好吃超值，必定还有其他成功秘诀，所以只要有机会，我都会利用出差之便光顾这两家店，细细观摩他们的做法。

寿司郎／日
100日元平价寿司，创造单店1亿日元年营收

日本寿司市场规模十分可观，高达1.6兆日元，仅回转寿司业的营收就有6200多亿日元，其中前四大品牌占有75%的市场，相当集中。年营收第一名的寿司郎，至2019年2月7日发布的年度计划，年营业额1925亿日元，和前一年度相比增加了10.1%，日本国内店数518店、海外店13店，合计531家。

除了以规模取胜，寿司郎的品牌魅力也令竞争者难望项背。日本曾做过"最喜欢的连锁平价回转寿司排名"调查，在台湾地区人气颇高的藏寿司与海味（HAMA）寿司分别拿下第二名与第三名，夺下冠军的正是寿司郎。继2011年进军韩国之后，寿司郎在2018年中进军台湾地区，第一家旗舰店位于台北车站商圈，一如预期，开业后立刻掀起一阵旋风。

其实，寿司郎的发展过程并非一帆风顺。寿司郎1984年由清水义雄创办，自大阪起家，主攻商品是售价100日元（不含税，都会区餐厅为120日元）的平价寿司。1988年，清水义雄的弟弟开了一家同名的回转寿司店，1999年双方合并，2003年股票在东京证券交易所上市。

不过，兄弟合作后经营却出现状况，2009年股票退市。退市期间，外资基金公司大量收购股权，原创办家族退出经营团队，由专业经理人接手整顿了3年，2011年成为日本回转寿司业界的第一名，2015年社长水留浩一就任，2017年股票重新上市。

2017年对于寿司郎而言，十分重要，除了股票重新上市，原来被外资基金公司买走的33%股权，被日本国内最大的米批发商神明控股买下，同时，寿司郎宣布从北海道到冲绳47个县市，日本全国

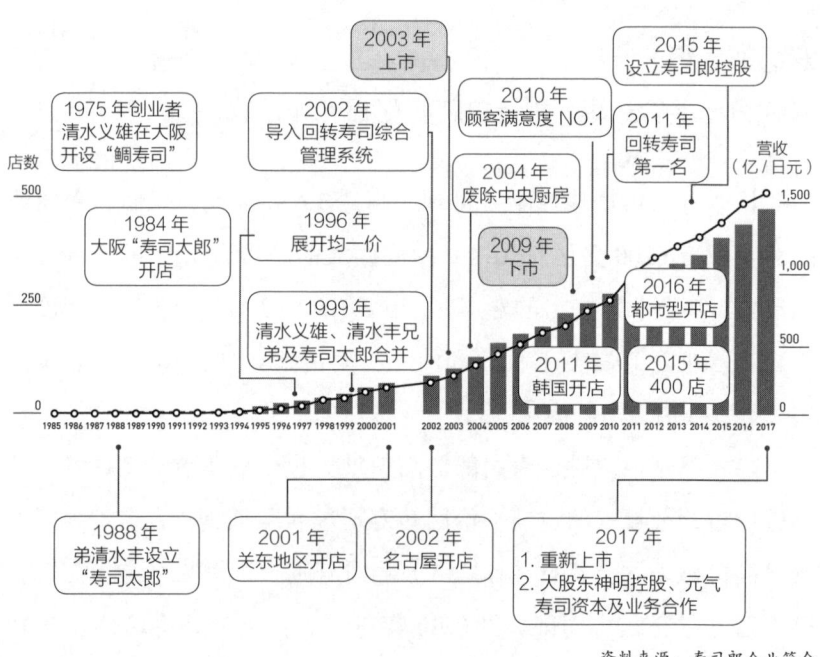

资料来源：寿司郎企业简介

图8.1 寿司郎发展沿革

开店布局完成。

现任社长水留浩一上任后，营收连年增长。从2015年的1362亿日元，至2017年增长到1564亿日元；营业利润增长更多，2015年不过68亿日元，2017年增为92亿日元，营收、获利和店数都是日本回转寿司业的冠军，市场占有率也高达24%（图8.1）。依其营收、店数推估，寿司郎单店年营收就高达3.3亿日元（相当1亿元新台币），一天可卖出约9000盘寿司，来客数达千人以上。如此惊人的佳绩究竟是如何创造出来的？

回转寿司第一品牌的奥祕
高CP值、店内制做、大数据收集

根据寿司郎官方网站上披露的调查数据，不论是价格、食材、寿司种类，它都是顾客心目中的第一品牌。之所以能够赢得消费者的心，归因于三大关键：

一、拉高食材成本，提供高CP值的商品

寿司郎每盘寿司虽然只卖100日元，但是它的食材成本占比却达50%（一般"外食"业食材成本约占30%）。要使用优质食材，需要很强的采购和管理能力，为此，寿司郎特别聘用一批水产品采购达人，通过全球采购网，在适当的时间，到世界各地搜购最新鲜、价格最划算的水产食材，再以低温物流供应链配送到店。

为了让食材维持最佳鲜度，寿司郎自行研发出一套保鲜技巧。例如鲔鱼捕获后急速冷冻，运送到工厂再解冻、切块，其保鲜秘诀是运送到店的过程中，把鱼肉浸泡在与海水相同盐度的水中，鱼肉不易变质，还能保持鲜度与口感。

二、坚持店内现场制作，而非中央厨房生产

为了让寿司保有新鲜度，寿司郎废除过去所采用的中央厨房，改为单店店内制作。食材处理和寿司制作均在店内完成，顾客在店内随点随上。

在送餐部分亦以新鲜为第一追求，双轨道设计的寿司送餐运输线，内线轨道不停回转，专供回转寿司使用；外线轨道则专供现点现做的菜品使用，顾客点餐后，厨房以最快的速度制作好，直接放上外线轨道，送到顾客面前。

三、导入 IT 技术，收集数据

店内的寿司运送轨道也暗藏玄机，盛装寿司或食物的每个盘子下面都有 IC 芯片，这些芯片具备两种功能，一是控制寿司的保鲜期限，当盛装食物的盘子在轨道上跑到 350 米的距离时，盘子便会自动翻落，不够新鲜的食物就直接进入回收桶，以确保每一盘食物的鲜度。二是收集消费情报，让后场随时掌握餐点销售状况。店长据此可预测接下来 15 分钟到 1 小时内的顾客需求，提前备料以便制作。所以，即使每份餐点都是现场制作，也不会供应不及。

寿司郎于 2002 年导入这套"回转寿司综合管理系统"，通过寿司盘的 IC 芯片及顾客点菜数据，收集情报分析应用，之后寿司郎的报废率大幅降低。该公司社长水留浩一对媒体透露，系统导入之前的报废率是 2.5%，导入后降至 1%。也就是说，100 盘寿司只有 1 盘会被扔掉，这么低的报废率在餐饮业可谓奇迹！

随着店数增加、规模扩大，如何驾驭每天庞大的顾客行为信息量并支援现场快速决策，成为另一个信息决策和成本管理的

课题。因此寿司郎在2012年导入亚马逊的AWS（Amazon Web Service）云端服务，让店铺能更迅速、正确地掌握顾客需求，提高服务水平。

此外，寿司郎也全力落实标准作业流程（SOF）及系统化管理，以提升运营能力。为了让店内制作食品的质量稳定和口味一致，寿司郎把店内食品制作方式和过程拆解成一套步骤分明的标准化作业流程，通过严谨的系统化教育训练，让员工可以做出符合要求的制作餐点，甚至连实习生也可以变成厉害的寿司达人。

寿司郎的选址策略，以往采取的是以乡村包围城市，在日本全国各地的郊区、住宅区附近插旗开店。之所以如此，一方面它主攻的是家庭顾客的日常就餐消费，郊区餐厅占地大且空间舒适，可以吸引家庭顾客光顾，更重要的考量是郊区店租金比较便宜！

寿司郎以高达50%的食材成本，建立高CP值的品牌形象，同时又要能获利，就必须尽量压低租金成本，并尽量雇用兼职人员以控制管销费用。也因为如此，寿司郎过去并没有积极进入都会区开店。

不过，最近几年寿司郎的开店策略有些变化，它开始进入都会区，开展新店型，并因地制宜改变店铺的运营方式。2016年9月在东京池袋开出的都会店型，除自取式回转寿司、现点现做菜品以外，也让顾客利用座位上的触控面板点餐，并设有外带自动结账系统，降低店员劳务。另一方面，都会店的租金、人力等固定费用高，每份寿司不含税价也从100日元调高至120日元，并导入都会区特别餐点。

除了从郊区转朝都市发展，寿司郎也在2018年5月于横滨伊势丹百货开设不回转的小型店，导入新型握寿司机器人，这种创新模式接下来会积极在海外开店，预计2028年店数将从500店增为800店（图8.2）。

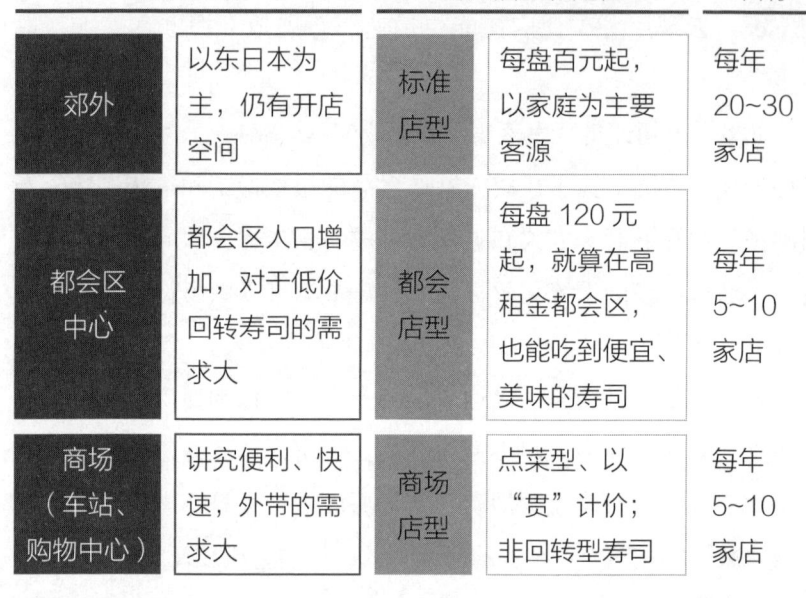

开店区域		对应店型和定位		目标
郊外	以东日本为主，仍有开店空间	标准店型	每盘百元起，以家庭为主要客源	每年20~30家店
都会区中心	都会区人口增加，对于低价回转寿司的需求大	都会店型	每盘120元起，就算在高租金都会区，也能吃到便宜、美味的寿司	每年5~10家店
商场（车站、购物中心）	讲究便利、快速，外带的需求大	商场店型	点菜型、以"贯"计价；非回转型寿司	每年5~10家店

资料来源：寿司郎官方网站，2018年9月决算说明会资料

图 8.2 寿司郎开店策略

寿司郎所属的神明控股也将旗下"元气寿司"的资本及业务与寿司郎整合，两者若合并成功，年营业收入共计超过2000亿日元，市场占有率可能超过30%。

鸟贵族／日
250日元统一价，以"价格破坏"打响名号

日本"外食"市场另一个非常成功的连锁品牌串烧专卖店——鸟贵族，虽然是聚餐型居酒屋，业态及目标消费族群与寿司郎截然不同，但同样也是采取聚焦单一品项。

鸟贵族最特别的是，它只销售以鸡肉为主的串烧料理。开店策

略也仅锁定少数重点地区（关东、关西、东海商圈）。

因为以上班族聚会场所为主要诉求，鸟贵族的店铺都开在都市车站旁，但通常选择在地下室或二楼以上，店内约40平方米、70个座位，装潢简洁明亮、不花哨，这样可节省租金，把资源集中在提供美味、超值的串烧上，又可快速打开品牌知名度，提高物流和人力支援调度的效率。

鸟贵族的崛起，创办人大仓忠司是关键人物。他从高中时期就在啤酒屋打工，从此开始对餐饮产生兴趣，高中毕业后在餐饮学校念了一年，之后辗转到五星级意大利餐厅、串烧店工作。由于对串烧情有独钟，大仓忠司在1985年开了第一家店，1986年正式成立鸟贵族。

创业之初，大仓忠司就受到日本流通业名人、大荣超市创始人中内功的启发，决定以物超所值的"价格破坏"策略打响名号，将店内餐点价格调整为均一价，每盘250日元。直到1989年因为消费税，价格才调整至未税价（指不含税价）280日元。

鸟贵族的产品聚焦、单纯化，以年轻人为目标客户，把客单价压低为约2000日元，与一般居酒屋以中高龄上班族为主，一餐平均花费3000~3500日元的消费市场形成明显区别。

鸟贵族物超所值的"价格破坏"策略，深受年轻人群的喜爱，营业收入、利润逐年扬升，但从2017年起纯利开始下降，主要是因为材料费、人力费、水电费等固定成本增加，不得不把坚持20年的280日元均一价，调涨为298日元。虽然只调涨售价的6%，但调价当月的营业收入，较前一年下降了3.8%，所幸之后调价冲击趋缓，年轻人对于鸟贵族提供统一价、高质量的餐点和聚会空间，还是十分愿意买单的，目前在日本排队30分钟就能入座，算是很幸运的。

鸟贵族的成功关键，和寿司郎有异曲同工之妙。在商品竞争力方面，一是鸟贵族的食材成本同样高达五成，十分讲究食材的质量，并且强调使用的鸡肉百分之百是日本国产的。二是同样采取单一价格，鸟贵族串烧每盘 298 日元，强调高 CP 值，分量特别大，平均都有 60 克，超过一般烧烤店平均的 50 克。招牌料理贵族烧，一盘两串、一串 90 克，更较一般烧烤店的串烧多出近一倍分量，价格却不到 300 日元（约 100 元新台币）。如此超值的美食，难怪让年轻人趋之若鹜。三是现场制作、现点现做。鸟贵族没有中央厨房，商品都是现场串制、调酱料、烧烤。大仓忠司认为串烧的口感要好就得现做，中央厨房事先串好食材，固然可以节省人力，但是肉品会老化，到店再烧烤，口感便差了。因此，鸟贵族宁可多花 3%~5% 的人力成本，并自行研发远红外线电烤炉，制作店内标准制作程序（SOP），以保持串烧质量的一致性。

另外，鸟贵族近年特别重视国外观光客的消费，店内使用多语言平板点餐。它强调商品组合，虽然都是鸡肉产品，菜单上却有超

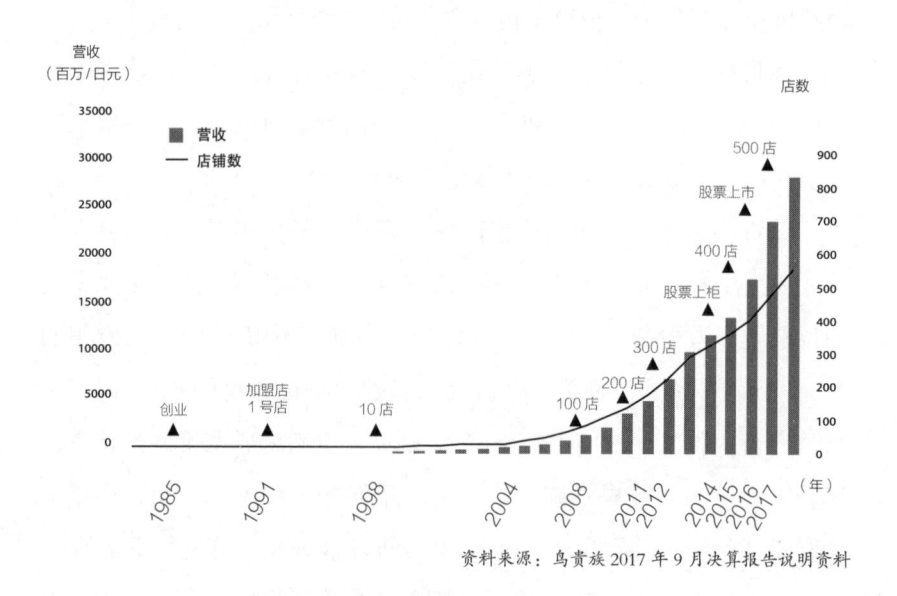

资料来源：鸟贵族 2017 年 9 月决算报告说明资料

图 8.3 鸟贵族发展沿革

过 60 种的选项，也有酒水和少数副食。除了强调商品价值，店内的规划设计也充分考虑了年轻人对于独立聚会空间的需求。

在开店策略上，鸟贵族推出加盟的方式与众不同，非常强调志同道合。到 2017 年 7 月为止，鸟贵族共有 567 店，其中 342 家直营，225 家是所谓的 TCC（Tori Chain Comrade）加盟店（图 8.3）。

TCC 指的是鸟贵族同志联盟，和一般连锁业的加盟系统不太一样。大仓忠司非常重视加盟者与总部的理念是否一致，只有认同这个品牌和商业模式理念的人，才可能取得鸟贵族的加盟权，变成他的事业伙伴，因此一开始，他先开放自己的员工及鸟贵族的友人加盟。加盟条件相当优惠，只需 50 万日元加盟金，加上 5 万日元权利金，食材则统一由总部供应，以保障店铺的品牌形象和一致的质量。

因此，平均一位加盟主拥有 10 家店，甚至也有一人就开了 70 家店。到 2018 年，鸟贵族的店数已增至 600 家，中期运营计划是预计每年要净增加 100 家店，在 2021 年达到 1000 店，长期目标要到 2000 家店，成为日本店数最多的单一食材、单一价格烧烤居酒屋。

选择与集中
将经营资源聚焦在单一领域，积累难以模仿的核心竞争力

选择与集中（Selection and Concentration）的策略是将经营资源（人、财、物、情报）聚焦在单一领域，积累特有的经营专业知识，也积累难以模仿的核心竞争力。寿司郎、鸟贵族相较于其他日本堂食餐厅，具有压倒性的优势，且不畏环境变化，究其关键正是聚焦单一品类的策略成功（表 8.1）。

表 8.1　寿司郎和鸟贵族商业模式比较表

	相异	
	寿司郎	鸟贵族
定位	日常就餐	聚餐型
选址	郊区为主	城市为主
TA	家庭成员	年轻男女
	相同	
CP 值高	食材成本率五成 现做现卖	食材成本率五成 现做现卖
单一价格	100 日元	298 日元
单一业态	回转寿司	鸡肉串烧
系统化程度高	1. 回转寿司综合管理系统 2. 平板点餐 3. App 预约系统	多语言平板点餐

资料来源：作者汇整

以多元化策略，活用企业所有经营资源进入新市场，发展出多条增长曲线，综合居酒屋连锁餐厅"和民"、家庭餐厅"加州风洋食馆"（Skylark）、乐雅乐（Royal Host）等便属此类，这几家餐饮集团都在日本经济高增长期快速成长，但在经济泡沫破灭后，这种特色较不明确的综合型餐饮连锁店受到重大冲击，经营业绩下滑。

不过，聚焦单一品项，是将资源集中在单一领域，并非全无风险。例如过去美国牛肉发生疯牛病，依赖进口美国牛肉的牛丼专门店就受到重大打击。因此，如何分散风险是聚焦单一品项的重要课题。

对小面积的便利商店来说，因空间有限，商品选择更为重要。这就涉及商品组合应该追求广度、多品类，还是少品类、深度经营。

以非食品为例，消费者到便利商店购买袜子、衣物，往往是临时需要、以便利性为主要考量，这方面就宜采取聚焦单一品类的策略，商品组合不用太多样化。反之，食品是便利商店的核心，尤其是鲜食类商品，不但需要广度、多品类，深度也很重要，尽可能要让消费者有选择性。

对于全家投资经营的餐饮事业"大户屋"而言，寿司郎和鸟贵族这两个品牌也是很好的示范。

多数日本连锁品牌在台湾地区开店，通常开到十来家就会出现瓶颈，原因多为人员培训太慢、食材供应链太短、无法快速熟悉商圈等，导致单店的成功无法标准化并复制，成本居高不下，原本来台湾地区发展逾7年的"大户屋"也是如此。

"大户屋"主打不设中央厨房，甚至连小菜中的腌萝卜，各店都得由切萝卜开始从头料理，复制难度高，成长也遇到瓶颈。

直到2012年全家入主之后，我们坚持以"定食"为经营焦点，强调食材的质量，在食材采购方面，除了通过日本"大户屋"联合采购外，也和信功、天和等优质厂商合作，全力塑造"以好食材为核心"的"定食"品牌。在人员训练上，我们依然坚持不做中央厨房，但坚守"日常食"的定位，将核心客户群定位于重视健康的女性及熟龄顾客，这批人重视食材胜过花样，对尝鲜无强烈需求，正好取得平衡。

同时通过系统化的店内烹调设备及严谨的教育训练，让实习生也可以调理出美味的日本"定食"。从经营成果来看，"大户屋"这个坚持是正确的。

有特色更出色
变则通的日本药妆店

松本清（日） VS 科摩思（日）

以往，企业在开拓市场时，会在差异化或低成本这两个策略择一，因为一旦选择差异化就必然会提高成本。但是，随着经济增长趋弱，消费力道疲软，唯有同时做到差异化，又能聚焦经营、坚持低成本的价值创新企业，才能在既快又急的市场震荡中生存。价值创新不是两者择一（either-or），而是两者兼顾（both-and）的思维，在日本药妆市场，已有找出价值创新模式而逆势增长的企业。

回顾日本 GDP（国内生产总值）增长两位数的年代，薪资水平调幅很高，就和现在的中国大陆一样，没几年薪水就调涨一倍。在经济增长的情况下，大家比较敢花钱，通常百货公司、大型量贩店（GMS）业绩很好，但在通缩、不敢花钱的年代，就像日本从20世纪90年代泡沫经济破灭后，陷入经济增长停滞"失落的20年"，零售渠道此消彼长。

曾经风光的百货业整体营收几乎腰斩，便利商店及药妆店却在此期间逆势成长。其中药妆业的表现更令人刮目相看，从2000年到2015年，市场规模由2兆日元扩大到6.1兆日元，增长了3倍，整体市场规模已与百货业不相上下（图9.1）。

到底日本药妆业有多受欢迎？根据调查，观光客在日本最爱买的3种东西，分别是眼药水、护唇膏、软糖。这背后的意义，显示药妆店已取代精品名店，成为观光客的采购热点，也难怪日本的药妆店越开越多。

根据统计，2015年全日本经营药妆的企业多达447家，连锁药妆店有17500多家。不过，这个行业不像便利商店业属于寡占市场（前三大品牌就占了八成市场），而是属于市场占比分散的情况。前21个大药妆品牌整体加起来才达到八成市场占有率，产业集中度还很低，前10大品牌的市占率也不过65%，显示日本药妆业还处于春秋战国、群雄割据的激战局面（图9.2）。

(兆/日元)

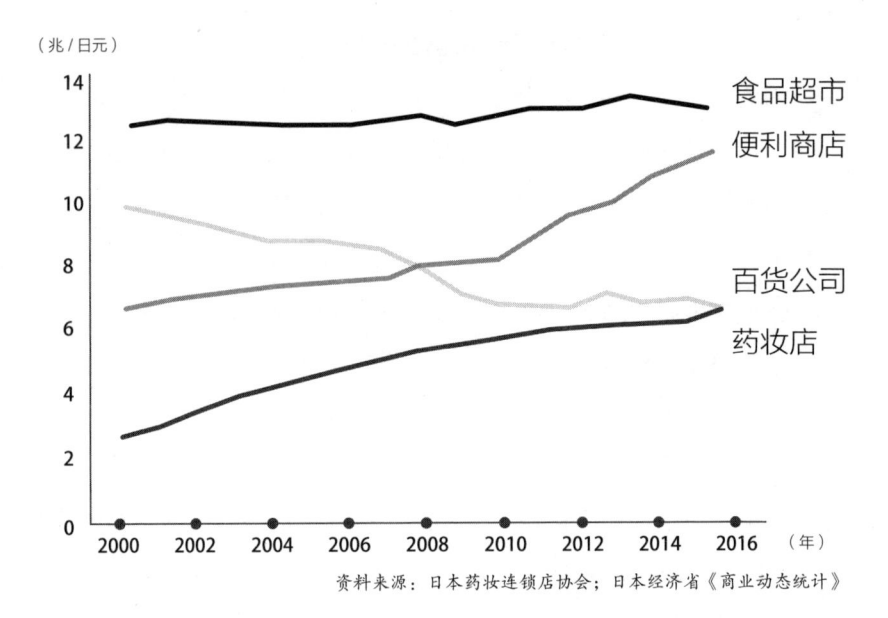

图表数据：
- 食品超市：2000年约12.5，2016年约13
- 便利商店：2000年约6.5，2016年约11.5
- 百货公司：2000年约10，2016年约6.5
- 药妆店：2000年约2.7，2016年约6.5

资料来源：日本药妆连锁店协会；日本经济省《商业动态统计》

图 9.1　日本药妆店逆势增长，市场规模接近百货公司

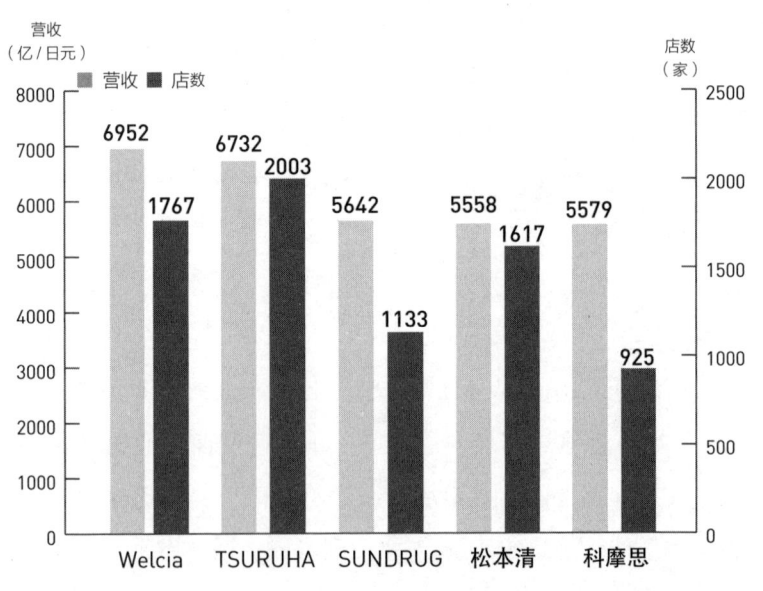

企业	营收（亿/日元）	店数（家）
Welcia	6952	1767
TSURUHA	6732	2003
SUNDRUG	5642	1133
松本清	5558	1617
科摩思	5579	925

资料来源：日本激流月刊，2019年1月，P.74

图 9.2　日本大型药妆店业绩一览 (2018 年会计年度)

聚焦差异化　有特色更出色　松本清　科摩思

新零售，变了
——逆势突围的 24 个获利模式

以营业收入来看，Welcia 暂居第一，主要是由于 2014 年永旺集团以公开收购方式（TOB）取其过半股权，2015 年起 Welcia 积极并购数家药妆连锁店，一举从 2015 年的市场老二，到 2017 年变成营收第一名至今。

由于不甘落后，2015 年排名第三的 TSURUHA 也开始以并购方式扩张，营收在 2018 年一举升至第二名。经过这几年的合纵连横，原本在 2015 年之前连续 22 年位居龙头的松本清，营收滑落至第四名。可预期的是，药妆店产业集中度低，彼此差距不大，未来仍有一番大整合。

尤其先前雄踞药妆龙头 22 年的松本清，虽因同业合并导致营业收入排名退居第四，但其"品牌知名度""顾客满意度"及"业态创新"仍居领先地位。另外，排名第五的科摩思（COSMOS），则以完全差异化的商业模式异军突起，从九州福冈起步，连续 26 年营业收入增长，已是九州之霸。两家公司独特的经营模式值得探究。

松本清 / 日
HBC 强化战略，创下波段增长动能

千叶县起家的松本清创立于 1932 年，1999 年股票上市。2018 年店数共 1617 家，年营业收入达 5588 亿日元。即使如今退居第四位，依然充满增长与创新动能。

为了巩固领导品牌的地位，松本清不以并购的方式快速增长，而是以咨询型（Counseling）的新商业模式为其未来的增长战略，多管齐下增长动能，预期 2020 年达到 8000 亿日元、股东权益报酬率一成以上的增长目标。

为达成目标，松本清以健康、美丽、调养（Health、Beauty、

Care，简称 HBC）三大诉求为定位，进行新店型的测试，目前已开出 10 家店。在 HBC 新店型中，有药剂师、美容师、营养师驻店，为消费者提供处方用药、生活保健、美丽健康的咨询服务。

在照顾顾客的美丽（Beauty）层面，如设于东京银座的 BeautyU 店，甚至依据该商圈特性，提供 10 分钟化妆、修甲服务，满足忙碌女性上班族下班后的社交需求。

在照顾顾客的健康（Health）层面，松本清看到高龄者对处方用药的需求日增，近来积极采取"扩大调剂事业"的重点战略。通过整合地方药局、供货，培训药剂师，提供送药到家的服务等。为了促进更大的增长动能，松本清除以提供咨询服务切入、锁定健康、美丽、调养三大区块以外，其发展的核心策略还包括：

一、都会型开店

开在车站附近的高人流商圈，并挂上醒目的大招牌，以在所在地促成品牌高知名度。

二、锁定女性上班族的商品组合

化妆品和药品的构成比达七成，食品仅占一成。

三、自有品牌创造区的差异化

以高质量、高 CP 值为诉求，开发美发、美白、保健品等不同产品线的自有品牌，其中名为"matsukiyo LAB"的维生素锭剂型产品，每种维生素皆有不同的代表色，以综合维生素为例，只要在包装上辨明各颜色的色块大小，即可知道每种维生素的成分多寡，有助解决消费者的选择障碍。

四、观光客商机对应

为了抢占一年 3000 万人、4.4 兆日元消费力的外国观光客市场，松本清很早就设立免税柜台提供服务，免税收入占比为年营业额的一成之多。近年来，松本清更打出既存店（开张满一年以上的店铺）附近再开店的战略，其中一家的商品组合及服务专为观光客设计，另一家则专为本地客设计，试图在同一个商圈满足不同族群的需求，以抢占更多市场。

科摩思／日
最不像药妆的药妆店，让主妇一站购足

从福冈起家的科摩思（COSMOS），则是长期深耕九州市场的地区性"非典型药妆业"。2003 年时店数才破百家，近年来积极往关东、关西地区进行全国性的扩张开店。由于顾客满意度高，科摩思连续 26 年营业收入增长，截至 2018 年共计有 925 店，年营业收入高达 5579 亿日元，规模已是日本药妆界的第五，而且连续 8 年蝉联"JCSI 日本顾客满意度大赏"的药妆店冠军。

其发展策略包括：

一、小商圈大型店

在住宅郊区密集开店，店型规格有 2000 平方米（比一般超市还大）和 1000 平方米两种，只要有 1 万人的商圈规模就开一家店，抢先占有、垄断市场，阻隔竞争者。

二、EDLP 策略 (Every Day Low Price)

不做促销、特卖，无红利而且只能现金交易，但实施天天最低价，完全颠覆药妆店的促销法则。

三、食品高构成比的商品组合

科摩思虽为药妆店，但药品构成比仅为 15%，化妆品仅为 10%，食品构成比却高达 56%，而且没有生鲜。它以低价格、低毛利率的食品吸引高购买频率的顾客，带动高毛利率的化妆品、药品销售，可以说是非常独特的折扣型药妆店。

四、讲究效率，减少营运成本

非 24 小时营业，充分利用夜晚配送货品，以达到不堵车、物流配送效率高的好处；公司早在 2005 年即展开自动订购系统，并引进人力排班系统（Labor Scheduling Program），有效管理排班人力和人事费，因此营业费用率远低于一般药妆店的平均为 20%，仅为 15%。

总的来说，科摩思锁定节省型顾客特别是家庭主妇为主要客层，超市、量贩、地区小型折扣店才是主要假想敌，而非一般的药妆店。因此在商品面上，科摩思以食品为主，在价格上追求最低价，虽然没有促销，但是服务（Service）、质量（Quality）、清洁（Cleanness）做得很到位，深得顾客人心，所以才能压倒性地在郊区开店，并以此成为日本药妆业中一方之霸。

松本清和科摩思虽同样被归类为药妆店，但深究其经营模式，便可看出业态本质上的异同。前者是传统药妆店，门市主力商品是化妆品和药品，营收构成比高达七成，食品仅占一成（图 9.3 和图 9.4）。门市面积数百平方米的科摩思，则瞄准主力客户家庭主

营收
（百万/日元）

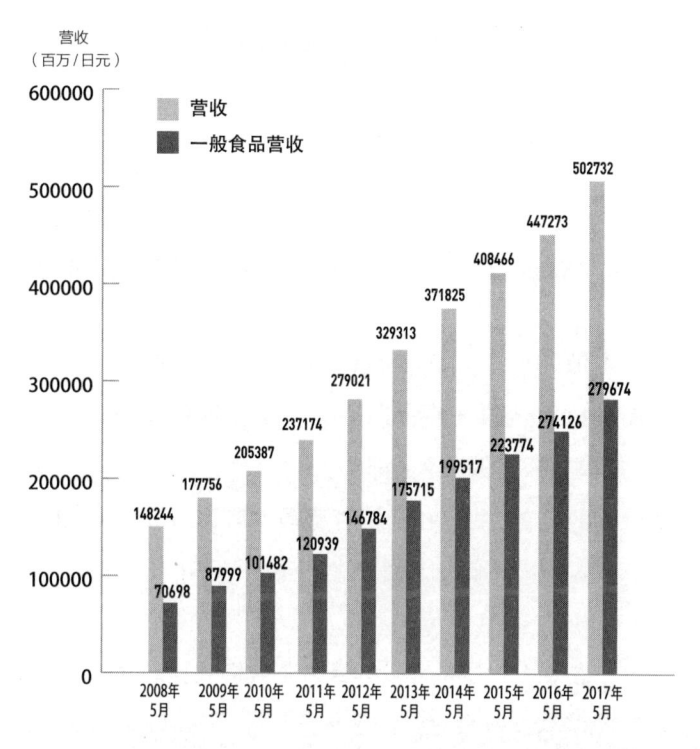

```
          营收
          一般食品营收
```

年份	营收	一般食品营收
2008年5月	148244	70698
2009年5月	177756	87999
2010年5月	205387	101482
2011年5月	237174	120939
2012年5月	279021	146784
2013年5月	329313	175715
2014年5月	371825	199517
2015年5月	408466	223774
2016年5月	447273	274126
2017年5月	502732	279674

资料来源：科摩思官网

图 9.3　科摩思以高占比的食品，构成独特定位

排名	企业名	营收	化妆品比率
1	welcia	6952 亿日元	10%
2	TSURUHA	6732 亿日元	10%
3	SUNDRUG	5642 亿日元	30%
4	**松本清**	**5588 亿日元**	**40%**
5	科摩思	5579 亿日元	10%

资料来源：东洋经济，2019 年 3 月 23 日

图 9.4　松本清靠高占比的化妆品为获利关键

妇的需求，形成别具一格的超市型药妆店，其药品的销售业绩在营收的占比仅为 15%，化妆品占 10%，食品（无生鲜）构成比却高达

56%，超过五成，可以说是"最不像药妆业的药妆店"。

核心策略比一比

VS 相异／松本清"咨询型"vs. 科摩思"量贩折扣型"
相同／加强处方药业务、药师培育，发展电子商务

由于松本清和科摩思锁定的目标人群、核心策略，以及开店方向完全不同，也让这两个药妆渠道的商品组合差异很大。以大都会商圈为主的松本清，锁定的是都会女性上班族及观光客，并根据日本人口高龄化的趋势，以 HBC 新店型强化咨询、体验的功能，全力吸引女性上班族和老年顾客群体，蓄积下一波的成长动能（表9.1）。

表 9.1　松本清和科摩思商业模式比较表

	相异	
	松本清	科摩思
她	女性上班族	家庭主妇
定位	咨询型（提供顾客健康美丽、生活保健咨询）	彻底量贩折扣型（以每日最低价吸引顾客）
商品主力	化妆品、药品	食品、日用品
未来策略	1. 自有品牌强化 2. 新店型测试	从九州，往关西、关东进行全日本开店
	相同	
成长策略	加强处方药业务、培育药师	

资料来源：日本激流月刊，2019 年 1 月，P.74

化妆品、保健品原本就是松本清的强项，销售占比高达40%，遥遥领先其他竞争者，这与它的自有品牌商品经营十分成功有关。松本清以其店数规模优势及高品牌知名度，推出多款自有品牌产品强化HBC新店型的商品组合，其中包括美发、美白、保健系列等。由于这些产品都以高质量、高CP值为诉求，不但满足了不同客户的需求，也成功地和竞争者区隔，创造出差异化的优势。

科摩思的开店策略是瞄准万人商圈，店型定位为小商圈的大型药妆店，强调的是食品、日用品及药妆一站购足式的综合性卖场，并以量贩折扣推行"每日最低价"，吸引精打细算的家庭主妇。因此，科摩思的主要竞争者不是药妆同业，而是超市、量贩及地方上的小型折扣店。所以它以食品支撑来客基础，价格力拼最低价；在营运管理上彻底执行高效率、精简成本，甚至不做促销，以省下变价、促销布置物的劳务，使得进货作业可以更标准化。卖场内则以低货架、宽敞走道、优越的SQC（服务、质量、清洁），博得顾客好感，单店营收几乎是同业的两倍。

对于药妆店未来的发展方向，松本清和科摩思倒是英雄所见略同。两大连锁药妆销售渠道看到日本人口日趋老龄化，65岁以上的人口占比近3成；其中75岁以上更占高龄人口的一半，这一群体对于处方笺用药的需求日增，因此均积极展开处方用药市场的布局，这也和日本药店销售渠道的生态有关。

目前日本只有约1.7万家药妆店，但可以销售处方用药的药店却高达5.8万家，年营业收入有7.9兆日元之多。但是，很多个人药店的经营者年龄偏高，且单店竞争力弱，成为大型连锁药妆积极整合的主要对象。

松本清采取双管齐下的地方药店整合策略，一方面以供货、代为培训药师等不同方式，从2016年年底开始协助小型个人药店，并提供送药到家的服务；另一方面则通过多样化的自有品牌商品和经营技术支援，在乡村地区陆续吸收不少个人或小型药店加盟，建构绵密的渠道网。

科摩思则是积极走出九州，在日本全国各地开店，并在卖场中增设处方药店，试图发展为全国性的药妆连锁品牌，并且加速培育合格的药品销售人员（编者按：日本面临专业药师人力供应有限的课题，相关法令逐渐放宽，除专业药师可以在药妆渠道销售处方用药之外，在卖场有两年销售经验的门市人员，通过认证可成为合格的"登录销售者"）。除了对处方用药的积极扩展，电子商务O2O的经营也是松本清的新重心。松本清累积了4800万名会员，正计划通过CRM顾客关系管理系统，加强网购业务。

高龄化的台湾地区
药妆市场需求和发展看好

台湾地区也面临日人口益高龄化的趋势，药妆市场需求逐年增长，看好这个商机，三商集团与日本住友株式会社合作，引进日本的Tomod's药妆连锁来台湾地区开店，如今店数已有50余家。松本清也与台隆集团合作，于2018年10月在台湾地区开店。

日本药妆业除了在药妆产品上有强劲的竞争力，食品类商品方面也不弱，反观目前台湾既有的连锁药局，食品类商品很少，未来是否会跟进日本同业的做法，推动产业的质变，值得观察。但我可以确定的是，台湾便利商店业将会因此面临更严苛的跨界竞争挑战。日本的情况正是如此，由于药妆业态不断创新、扩大食品构成比重，客源移转消费，对便利商店业构成很大的压力。因此，日本7-ELEVEN近几年积极在郊区商圈，发展强化药妆型的店铺，减少原本杂志架的陈列台数，把空间腾出以陈列针对女性消费者的化妆品和清洁用品，并扩大冷冻商品品项和乙类成药。

面对跨行业竞争，另一种做法是跨行业结合，日本全家便利商店就和多家药店合作，开出药妆与便利店融合为一体的门市，台湾地区全家与大树药局合作的复合店也是如此。跨行业竞争已是不可避免的趋势，所谓"唯变则通"，任何业态或商业模式，只有勇于变化，找出价值创新的方程式，才不致在新时代里没落。

垂直／水平分工
用 ZARA 模式做家具

宜得利 ⓐ VS 宜家家居 ⓐ

服饰业龙头 ZARA 掀起叱咤全球的快时尚风潮，从此 SPA 模式就被快时尚产业视为经营圣经。这种生产到销售一站式管理的制造业模式，最早是 1986 年由美国休闲服饰 GAP 所定义的，SPA 模式正式名称是"Specialty Store Retailer of Private Label Apparel"，直译意为"拥有自有品牌的特色化服饰专卖店"，也有人称之为"制造型零售业"。

在快时尚产业，除了 GAP、ZARA 以 SPA 模式大获成功之外，优衣库也在 1997 年转为以 SPA 模式经营。此模式的最大优势是缩短产业链。传统上，从采购原料到将制品或服务送到消费者手中，中间会通过批发商、中间商向工厂下订单，再通过代理店销售。

制造型零售业则跳过一连串环环相扣的批发商、贸易商，在自己的工厂，生产自己设计的东西，然后直接拿到自家店面销售。产品不须通过中间的批发商或贸易商中转，和消费者之间也没有隔阂，所以可以提高盈利水平。在家具界，运用 SPA 模式最成功的制造型零售企业，就是瑞典家具龙头宜家家居（IKEA）与日本家具龙头宜得利（NITORI）。

在过去的 20 多年间，日本家具市场历经经济泡沫化、房地产疲软、人口结构老龄化、结婚率下降等诸多因素的冲击，市场规模萎缩近半，从 6 兆日元滑落到 3.3 兆日元。在这种情况下，日本家具连锁店宜得利却依然逆势交出一张漂亮的成绩单，连续 31 年创下营业收入和利润双增长的纪录。

由于营运表现优异，过去 5 年该公司股价由 4000 多日元增长了 5 倍，上涨到 16800 日元，堪称是日本上市公司的绩优股，市值达 1.9 兆日元，在日本流通业名列第四，和名列第三的永旺集团相当接近。

瑞典家具零售商龙头宜家家居，也是一个历久不衰的传奇。1951 年宜家家居还只是瑞典一家家具邮购公司，到了 2017 年它已经成为一个横跨 29 个国家、拥有 355 店、年营收 363 亿欧元的家具业龙头。

这两家企业一东一西，产品定位和风格截然不同，但有趣的是，它们都以 SPA 模式经营成为家具界的标杆企业。

宜得利／日
掀起日本家具业的制造革命

宜得利前身是 1967 年在北海道札幌成立的一家家具杂货店，创办人似鸟昭雄从小不爱读书，成绩总是倒数。但是他志向远大，一心想做一番大事业，他在《宜得利淬炼 50 年的原则》一书中将成功原因归纳为：梦想、愿景、企图心、坚持、好奇心。这些人格特质充分反映在似鸟昭雄的创业过程中，也因此造就了今天的宜得利。

事实上，似鸟昭雄初期经营的家具店亏损连连，直到 1972 年他跟随考察团到美国参观家具业后才找对方向，当时他惊讶地发现美国家具店都是大型连锁化经营，由制造商直接供货给渠道，所以家具价格非常便宜，只有日本的三分之一，而且色彩协调统一，又有整体设计感。

相反，日本人的居住空间小，最需要色系整合，但传统家具店多半是个人经营，必须通过批发商进货，商品规格不一，没有系统设计，更重要的是，经过中间商的层层剥削，使得商品价格居高不下。

似鸟昭雄回日本后，决心改变传统的经营方式，效仿美国同行，自己开发、设计、生产、销售，并设立一号店，发起日本家具业的制造革命。当时，他许下 30 年后开 100 家店，营业额达到 1000 亿日元的远大志向，结果真的在 2004 年实现了这个目标。此后，宜得利快速而稳定地成长，并进军国外市场，目前在全球已有 523 家店（图 10.1）。

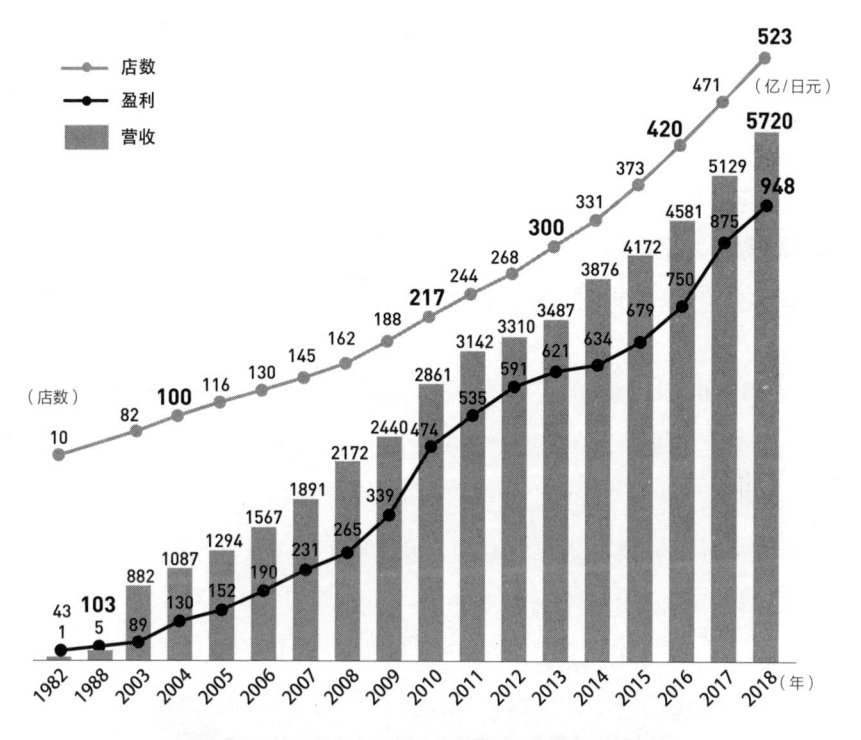

	1988年2月		2018年2月
店数	16 店	33倍	523 店
营业收入	103 亿日元	56倍	5720 亿日元
利润	5 亿日元	190倍	948 亿日元
利润率	5.2%	+11.4	16.6%

资料来源：NITORI HD. 2018 年统合报告书 P.4，https://www.nitorihd.co.jp/pdf/annual2018.pdf

图 10.1　宜得利连续 31 年营业收入、利润增长

在扩大规模的同时，宜得利也保持卓越的经营绩效。2018 年营业收入达 5720 亿日元，而且连续 31 年营业收入、利润双增长。从

Part IV　聚焦差异化　133

利润率观察，宜得利的利润率为 16.3%，约 948 亿日元，在 SPA 商业模式中名列第一，排名第二的良品计划（MUJI 无印良品）利润率则为 11.5%。

宜家家居／瑞典
创立平整化包装标准的 DIY 家具

2018 年初过世的宜家家居创办人英格瓦·坎普拉德（Ingvar Kamprad），也是一位家喻户晓的传奇人物。他从小就有生意头脑，5 岁就开始卖火柴给邻居，7 岁骑脚踏车兜售铅笔赚钱，17 岁时拿到第一笔奖学金，就用来投资开店，建立了自己的公司。

1960 年他开出第一家宜家家居实体店，开业当天店外上千人排队购买，但因为销售的是组合型家具，产品体积大，顾客结账后难以携带，配送司机也不易搬运，坎普拉德开始思考销售组装型家具。这个转折促使宜家家居后来以平整化包装（IKEA Flat-pack）为核心概念，专门供应平价、功能、具有设计感的 DIY 家具，以落实坎普拉德"让更多人每天都过得很舒适"的经营理念。

由于瑞典市场不大，宜家家居很早就积极进军国际市场，2017 年，宜家家居已进驻 29 个国家开店，店数共 355 家，营收 363 亿欧元。宜家家居大获成功，为坎普拉德带来可观的财富，他曾在 2005 年到 2010 年入围世界十大富豪，尽管家财万贯，他却十分节俭，出差都坐经济舱，平时也是开其本国产汽车，一辆车可以用 20 多年而不更换。

坎普拉德的价值观与人生哲学，对于宜家家居的组织和文化影响巨大，每位员工都把他的经营理念奉为圭臬，也造就了今天宜家家居在平价家具品牌市场无可取代的龙头地位。

商业模式比一比

VS 宜得利／以垂直整合展开的 SPA 模式
宜家家居／以水平整合展开的 SPA 模式

　　宜得利的 SPA 模式是一条龙式的垂直整合策略。这种策略可以带来高利润，但也具有高风险。为了把风险降到最低，宜得利以六个阶段的流程循环运作，并在每个阶段严格奉行专业到位的精神，以创造最佳效益，这也是它的利润率遥遥领先其他 SPA 模式家具企业的原因。

　　宜得利的六阶段循环流程及工作重点依序为：

一、商品企划

　　发现顾客需求、了解顾客生活形态。

二、商品开发

　　除了开发组合好的成型家具单品，也让产品色系与其他家具统一整合协调。

三、选择及确认材料

　　宜得利的家具走实用、平价路线，追求高 CP 值，不论是在日本或他国取得材料，质量要好，价格也要有竞争力。

四、制造

　　在海外设立工厂，全程自行制造，连家具中的螺丝、布料等相关配件全都由自设工厂生产制作。

五、物流规划

宜得利的物流体系分为大物流和小物流，全都自建自营。由于工厂都在海外，生产后通过大物流系统集中到仓库后，再由自行设立的贸易进口公司，配送进口到日本及其他市场。日本国内的物流中心，则为小物流，专门负责将海外运回的产品配送到各个门市销售。

六、销售

依大店型、小店型、城市或郊区店的需求，调整商品结构。

从上述循环流程即可看出，宜得利是由商品开发、生产制造、物流到销售垂直整合，全都一手包办掌握。不但如此，每个环节都力求彻底、专业，也因为这样，它对消费者的需求和市场变化才能有高敏感度（图 10.2）。

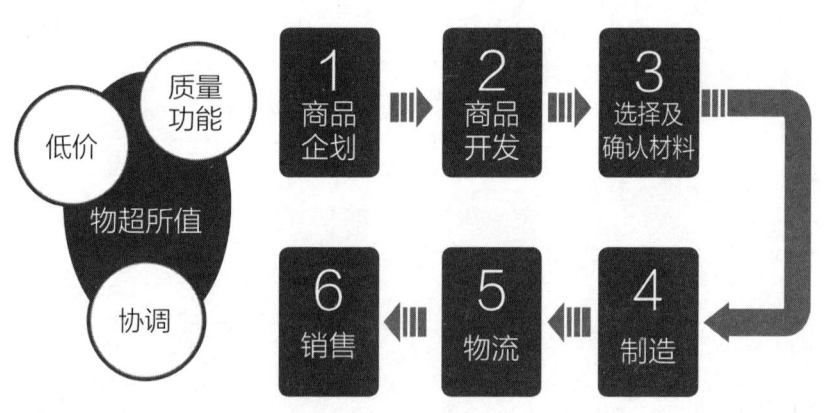

资料来源：NITORI HD. 2018 年统合报告 P.8，https://www.nitorihd.co.jp/pdf/annual2018.pdf

图 10.2　宜得利商业模式

有别于宜得利垂直整合的 SPA 商业模式，宜家家居则是属于水平展开。它的经营核心主要在营销、品牌和设计；产品在瑞典设计、开发，但在别的国家生产，最后由顾客自己组装。虽然宜家家居也是一家制造型零售商，但本身不拥有生产工厂，因为瑞典的物价、人工费高，在国内设立工厂成本高，没有竞争力，因此它把经营资源聚焦在企划、研发、营销，而将设计和生产委托外包。

宜家家居的强项在于通过信息情报管理 IT 技术，收集全球各地店铺传回的顾客信息，研究和开发新商品，总部 3000 人中过半是商品开发人员，外包的设计师再依照开发人员所设定的成本、外观、功能及风格，进行设计并试做，最后才发包给合作的工厂批量生产。因此宜家家居的家具就像苹果手机一样，零部件在不同的国家生产，再集中到最适合的地区组装。

除了重视美观、实用和成本外，宜家家居在开发商品时，"平整包装设计、自己动手组装、适应当地生活方式"是三个必要考量的方面。其中，平整包装设计（IKEA Flat-pack）可说是由利害关系人物流公司、制造商和顾客，共同节省成本齐力达成的三赢模式，所以宜家家居的商品价格很便宜，客人能买到价格便宜、质量不错又具有设计感的家具。

"平整包装"不仅是开发和设计重点，也是生产管理流程上的关键，这个做法使得宜家家居大幅降低仓储空间及货运成本，也降低运送途中商品毁损的风险，并形成鼓励顾客自行搬运及组装家具的新主张。

核心优势比一比

VS 宜得利／直营生产和物流，全部一手掌握
宜家家居／跨国市场的商品开发和营销能力

在核心优势上，宜得利投资经营自有工厂，70% 以上的产品是在海外自有工厂制造，而且从设计、生产管理到物流，全都由自己一手掌握。宜得利自己直营的生产制造系统，目前在中国、泰国、马来西亚、印尼、印度等 7 个国家，设有 15 间工厂。其中，越南和印尼的两座工厂最为重要，都是以海外子公司的方式经营，由总部派专人常驻当地，负责生产事宜。

物流更是宜得利的一大强项，为追求最大利益，并考量贸易关税、船运费用等成本，宜得利全球布局，自行投资海外物流中心及进出口公司，充分运用区域的贸易优惠政策。例如，宜得利直营工厂生产出来的家具，并不是直接配送到终端市场，而是全部送到上海和广东惠州的库存中心，全球各地的物流中心向上海、惠州的库存中心订货之后，再送到各地区门市。

采取这种垂直整合的一条龙模式，除了控制成本，也为了从中获取高利润，但高利润必然伴随高风险，所以每一个环节都不能出错。宜得利除了自行培养企划、设计、原料采购、生产、营销、物流等各领域人才，也积极吸引外部人才，请来许多特定领域的专业人才。例如它从本田汽车（HONDA）挖来了品控专家，为生产品质把关。2016 年创办人似鸟昭雄到北欧参观自动化仓储中心（Auto Store）后，便成立一家子公司，导入类似系统，运用 AI 系统控制仓储，并从便利商店行业找来供应链管理专家坐镇，负责提升日本国内的物流业务，结果效益提高了 5 倍。

而宜家家居的设计、生产相关事宜，皆委托协力工厂负责，

并与其制造商建立长期的合作关系，以确保质量稳定，其在市场保持领先的核心优势，就是设置在总部内的商品开发和营销部门（图 10.3 & 图 10.4）。

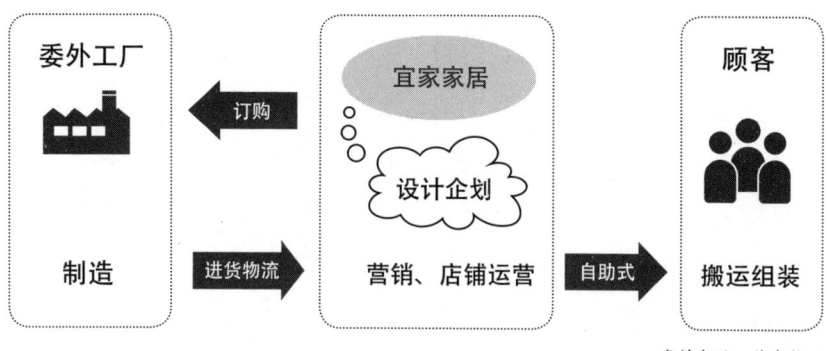

资料来源：作者整理

图 10.3　宜家家居商业模式图

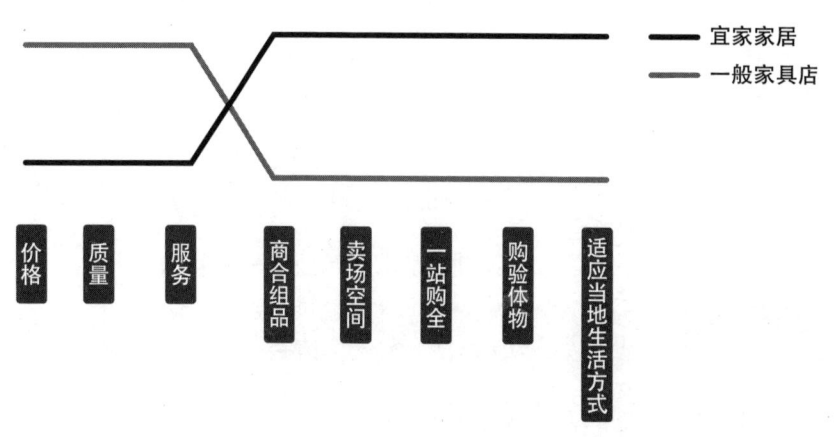

资料来源：日本兵库县教育大学论文，南光日，http://www.u-hyogo.ac.jp/mba/pdf/SBR/5-4/099.pdf

图 10.4　宜家家居和一般家具策略比较

目前宜家家居在全球 29 个国家，共有 355 家店，每一个市场的国民收入水平高低落差很大，文化与生活习惯、偏好都不一样，如何掌握当地市场的变化，适当调整商品结构，是宜家家居成为家具业龙头的关键。举例来说，宜家家居曾经在1974年进入日本市场，1986年铩羽而归。失败原因就是未对当地的生活形态进行调查，未能提供相对应的商品。

举例来说，日本人重视卧室，而非客厅，和欧洲完全不同。一开始宜家家居并未因应当地的消费喜好而改变商品结构，结果当然不受青睐。直到2006年宜家家居做出改变二度叩关日本市场，现在已拓展10家店，经营得非常成功，每一家店平均将近3.3万平方米，品种超过1万个，每店年营收收入高达100亿日元，10家店约创造1000亿日元营业收入，预计2020年在日本开设第14家店。

日本媒体分析宜家家居重返日本市场成功的原因，第一是它从材料、设计、生产等彻底控制成本，有竞争力的价格自然受到消费者青睐。第二是它在日本进行彻底的生活形态调查，从商品的设计、开发进行调整。第三是它将店面设计游乐园化，创造时间消费型的店铺，让消费者可能在宜家家居门市里消磨一整天也不腻（表10.1）。

表 10.1　宜得利和宜家家居商业模式比较表

	宜得利	宜家家居
设计	总部设计	以 Flat-pack 概念为始点，展开设计
设计师	公司员工	外包为主
设计师权利	属于公司	买断设计，属于公司
生产	垂直整合	水平展开

续表

	宜得利	宜家家居
生产国	印尼、越南、中国等7个国家	世界各国（目前主要在中国、东欧）
销售方式	购买后宅配送回家	付钱后自己带回家组装
组装	销售成品	自己动手组装为主
线上销售	有	无*
物流	上海等库存中心配送到日本	116个国家、31个物流中心

* 目前部分小型店正测试在线销售搭配实体店铺销售。

资料来源：井村直惠，2011年10月，Glodal strategy and competitiveness in NITORI and IKEA。*Kyoto Management Review*。

增长动能比一比

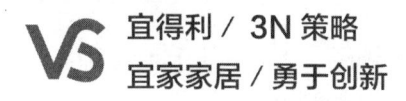

VS 宜得利／3N策略
宜家家居／勇于创新

过去5年，宜得利不但积极进军海外市场，面对环境和生活形态的转变，它也跳出以往的框架，调整商品结构组合和业务范围。例如，根据近年来日本社会人口结构和生活方式转变，宜得利就把目标人群由原本的家庭客户，扩大至年轻单身族，商品研发策略也跟着调整，从原本以实用性平价家具为主，扩增到流行时尚家饰。目前它的家具产品销售占比为47%，家饰用品则占53%。

在开店策略上，经过稳扎稳打的第一阶段，以30年时间才跨过100家店的门槛；以乡村包围城市、加速开店的第二个阶段，只花了6年就开出第二百家店。全球市场扩张的第三个时期，正好碰到2008年金融危机爆发，似鸟昭雄看准此时店租便宜，踩油门加速开店，仅3年又开出100家店。到了2013年，宜得利店数已达300家，2017年全球店数更突破500家，创下5500亿日元的年营收。

面对未来，宜得利的成长动能来源为新店型（New format）、新地区（New area）、新事业（New business）的3N策略，其具体做法为：

一、新店型开发（New format）

连锁渠道要持续增长，不能只靠店数增加，店型也必须不断创新，与时俱进，所以，根据商圈和客户不同，它的店型越来越多元化。过去宜得利以郊区为主，店铺面积约上千平方米；现在，策略上以市区店、百平方米左右的卖场为主。

例如，东京银座向来是高级精品服饰集中的商圈，很少有家具店出现。一直以家庭客户为主力的宜得利目前却在银座的优衣库楼上开店，以测试单身贵族对其店型和商品组合的接受度，希望未来可以扩大消费人群，开拓新市场。

另外，旗下新渠道品牌DECO HOME，主打生活品质型家饰店；另一种小型店NITORI EXPRESS，则以O2O虚实整合，弥补小型店功能不足之处，店内展示的家具可通过订购系统预定，由于背后有强大的自建物流基础建设可以支援，还提供配送到家服务。

二、新地区开发（New area）

鉴于日本国内家具市场持续下滑，个别企业要增长不易，宜得利看好海外市场还有很大的发展空间，已先后进入中国大陆和中国台湾地区开店，大陆市场更是重点，预计2022年将开出200家店；

全公司目标为 1000 家店。

三、新事业开发（New business）

宜得利在电商和虚实整合方面相当积极，除了在 B2C 领域扩大消费族群，它也看好企业用户的市场，全力拓展 B2B 顾客，与装潢业联手争取办公室、餐厅的装潢业务。

宜得利社长似鸟昭雄一方面贯彻上述 3N 增长策略，也信心满满地对外宣布未来的成长目标，2022 年全公司店数要达到 1000 家，营收 1 兆日元；2032 年要进一步达到全球 3000 家店、营收 3 兆日元的长期目标，等于是在营收上挑战宜家家居的龙头宝座。

当然宜家家居也不是省油的灯，创办人坎普拉德虽然逝世，但他的经营理念早已深入全公司，宜家家居把所有员工称为"伙伴"，并鼓励每一位员工勇于创新、不断挑战自我。例如，最近就运用了 AR 技术辅助顾客做房间配置；也对应当地可持续农业潮流，鼓励当地自产地销的精神，2016 年设计出一种阶梯式球体植栽亭（Grow room），并将设计图放在网上供公众免费下载使用。这些商业应用就是根植于宜家家居鼓励创新的企业文化，也是引领它面对未来的成长动能。

面对千禧世代成为消费市场主流，以及使用但不拥有的价值观，带动分享经济的兴起，宜家家居的新增长策略也在回应这些课题。

长期以来，宜家家居以大型店、通过实景起居空间的生活方式设计，多达 1 万多项的商品，为顾客提供丰富的选择及良好的购物体验；而平整式包装、自己动手组装组合则确保了亲民的价格。然而，根据千禧世代以城市中心区为主、不喜开车的生活方式，宜家家居的经营模式也有所变革，开始在东京新宿、纽约曼哈顿、伦敦等大都市推出小型店,卖场面积只有标准店的十分之一。正因小型店面积受限,卖场内也提供网络购物,让顾客在店内下单;顾客不开车,DIY 模式也必须跟着调整为服务式,把商品组装完成后送货到家。

此外,宜家家居也宣布推出家具租赁服务,一方面应对分享经济的兴起,另一方面满足有幼儿的家庭儿童家具随着孩子不同的成长阶段而频频变更的需求。

垂直整合 vs. 水平展开
企业不一定只能采取一种策略

宜得利和宜家家居都是家具业成功的标杆企业。两者都架构了成功的制造型零售业(SPA)商业模式,不断地开发新商品。除家具之外,家饰品的开发也着墨甚多。本来家具业销售的是耐久消费品,进入家饰品之后又多了可经常更换的消费品,颠覆传统家具业的经营方式,把家具经营变成像是快时尚一样的商业模式,让其他家具业者难以超越。

在流通行业,许多渠道包括便利商店,也都是运用 SPA 模式开发自有商品,那么到底是像宜得利一样,垂直整合一把抓?还是像宜家家居一样,抓大放小、水平展开?到底哪一种策略比较好?

答案是不一定。选择垂直整合的话,就要像宜得利每个环节力求专业到位;若是选择水平展开,就要像宜家家居确保核心能力发挥效益。通常,企业也不一定只采取一种策略,例如以全家自有品牌"鲜萃茶"(FamilyMart Collection),就是类似宜家家居的水平展开模式运作,由全家先提出商品开发的想法,再寻找优质的茶叶来源和制造厂商委托制作。

至于全家自己投资兴建的"福比面包厂",则类似宜得利的垂直整合模式,从商品研发到原物料、包材取得,以及制程管理等,皆由自己掌握,并委托日本合作面包大厂,提供专门知识(Know-how)技术指导,培育专业人才,最近推出的新商品颇受消费者好评。

结　语

在线上、线下界线已然消失的全渠道时代，有便利商店从业者说，最害怕的不是同行，而是食品占比越来越高的药妆店；也有餐饮从业者说，最害怕的不是同行，而是卖起高单价咖啡、现做餐点的复合式便利商店。

经历零售流通业30年的变化，我要说，最害怕的不是同行、不是跨行业，而是眼界不够开阔、心胸不够宽大的自己。正因为跨界竞争会是常态，即使行业不同，只要善用自己的资源与优势，一样可以把别人的成功经验转化运用，站在下一波的浪尖上，找到你自己的成长动能。

从事流通产业30余年，过去我从不同业态的标杆企业成功模式的研究中得到许多启发。科技的快速发展，生活形态的改变，让市场的变动更快，唯有不断地创新改变才能永续经营。但是创新不一定要从零开始，例如丰田汽车最著名的实时管理系统（Just in Time，JIT）与广告牌管理系统（Kanban），都是从美国超市的供应链中得到的启发。

台湾地区连锁加盟协会的宗旨为"同行不是冤家、异业可以为师"。这本书从O型全渠道、节约型消费、流通新业态、聚焦差异化四个不同经营策略的角度,选出各行业的标杆企业,比较分析其商业模式之异同,抛砖引玉,期盼能对同行异业、学者专家、青年学子等的深度学习有所助益。